사진과 사료史料로 보는

청와대의 모든 것

사진과 사료史料로 보는

청와대의
모든 것

글·사진 **백승렬**

아라크네

현대의 궁궐, 청와대

청와대에는 오래된 나무 한 그루가 있다. 이 나무는 살아서 천 년, 죽어서 천 년, 썩어서 천 년을 간다는 주목朱木이다. 나무의 겉과 속이 모두 붉어서 붉을 주朱 자를 써 주목이란 이름이 붙었다고 한다. 고려 25대 충렬왕 때인 1280년에 심었다고 하니 나이가 742살이나 된다. 청와대 터를 700년이 넘게 지켜 온 산증인이다.

청와대 터가 역사 속에 처음으로 등장한 시기는 고려시대 11대 왕 문종 때다. 그 후 숙종 때 이궁離宮(수도 밖에 있던 별궁)으로 번성하다가 충렬왕 때 삼경제三京制가 폐지되면서 역사 속에서 한동안 사라진다. 그러다가 청와대 터가 역사의 전면에 다시 등장한 것은 조선의 건국과 함께였다. 조선은 한성에 도읍을 정한 뒤 궁궐로 지금의 경복궁을 건설하고 청와대 터를 경복궁의 후원으로 조성했다. 왕실 휴식터로서의 역할을 맡게 된 것이다.

그러나 1592년 임진왜란으로 경복궁 후원은 본궁과 함께 폐허가 되었고, 그 뒤 270여 년 동안 방치된다. 고종 2년인 1865년에 대원군에 의해 중건되었으나 또다시 일제에 의해 철저하게 유린당하는 비운을 겪는다. 일제강점기에 조선총독이 청와대 터에 관저를 건축한 것이다. 그것을 해방 3년 후인 1948년에 대한민국 정부를 수립하면서 이승만 대 대통령이 대통령 집무실 겸 관저로 사용하게 된다. 역사는 참으로 아이러니하다. 치욕스러운 역사와 감동의 역사가 한 공간에서 이루어진 것이다.

청와대 지킴이 주목.

이 같은 역사의 흥망과 질곡 가운데에서 굳건히 그 자리를 지켜 온 유일한 산증인이 바로 이 주목이다. 인간처럼 욕심을 부리거나 동물처럼 이리저리 살겠다고 뛰어다녔다면 오히려 그 자리를 지키지 못했을 터이니, 그것이 바로 땅에 뿌리를 박고 살아가는 나무의 뚝심이요 끈기인 것이다.

주목은 그 뒤로도 역사의 한복판에 서 있었다. 노태우 대통령이 청와대 본관과 관저를 새로 지을 때까지 숱한 시련과 영광이 주목의 가지를 스쳐 갔다. 이후 본관은 서쪽으로, 관저는 산 위쪽으로 옮겨 가 고관대작들의 움직임이 주목의 시야에서 많이 벗어나게 되었다. 하지만 관저로 이동하는 길목을 지키고 있었기에, 대통령의 얼굴만 보아도 정국이 어떻게 돌아가는지 안다는 듯이 넉넉한 표정을 지었다.

청와대는 우리나라에서 가장 중요한 국가기관이었다. 청와대에서 기거하는 대통령과 그를 보좌하는 비서진이 국가를 이끌고 나갈 정책을 수립하고 이를 집행하는 정점에 있었기 때문이다. 청와대에서 세우는 정책은 그 파급효과가 막대했다. 다른 국가기관은 물론 재벌부터 중소기업과 일반 시민들에게까지 영향을 미쳤다.

과거 독재 정권 시절에 청와대는 두려움과 원망의 대상이기도 했다. 청와대와 관련된 이야기를 아무 데서나 할 수 없던 시절도 있었다. 청와대 출입은 고위 관리, 대통령 측근, 청와대 출입기자 등 특정한 사람에 한정됐다. 이러한 분위기 때문에 대통령은 국민으로부터 권력을 위임받았음에도 국민 위에 군림하는 것같이 보였다.

이런 청와대가 국민의 품으로 돌아가기 시작한 것은 문민정부 때부터다. 김영삼 14대 대통령은 취임식 날인 1993년 2월 25일 청와대 앞길과 청와대의 우백호인 인왕산을 개방했다. 김대중 대통령은 왕의 어머니이지만 왕후에 오르지 못한 후궁을 모신 사당을 개방했다. 노무현 대통령은 청와대를 일반 관광객에게 개방한 것은 물론이고 청와대 뒷산까지 개방했다. 이후 이명박, 박근혜, 문재인 세 명의 대통령을 거치면서 청와대 개방 인원도 늘고 뒷산인 북악산도 완전히 개방됐다. 그리고 2022년 새 정부를 맞이하며 드디어 청와대가 국민에게 전면 개방되기에 이르렀다.

청와대는 이제 두려움과 원망의 대상이 아니라 관광 명소가 되었다. 지금은 이것이 특별하게 보일지 모르지만 사실은 당연히 그랬어야 했다. 옛날 왕권국가 시절에는 국가 최고 통치권이 세습되었지만 지금은 투표에 의해 선출된다. 국민으로부터 권력을 위임받은 대통령이 업무를 보던 공간이 국민에게 개방되지 못할 이유가 없다.

청와대는 백성들에게 출입이 엄금됐던 옛날 궁궐이 아니라, 누구나 자유롭게 드나들 수 있는 현대의 살아 있는 궁궐이다.

산림생태학자 차윤정 씨는 "시련이 강하면 강할수록 나무의 기록은 처연하다. 주목의 결은 바로 시련이 승화된 꽃으로 목재 중에 으뜸으로 자리매김해 놓았으며 붉은 목재 속에 각인된 간결하고 뚜렷한 삶의 무늬를 사람들은 갖길 원한다"고 한 책에 썼다.

우리의 역사 속에는 신산한 고통이 담겨 있다. 그러나 우리도 분명 주목처럼 신산한 고통을 아름답게 승화시켜 더 위대한 역사를 만들어 나갈 것이다. 700년 넘게 청와대 자리를 지키고 있는 주목은 역사의 중심에서 우리의 모습을 계속해서 지켜볼 것이다.

프롤로그 현대의 궁궐, 청와대 • 4

1장 청와대의 역사

조선시대 궁궐의 뒤뜰에서 오늘날의 청와대로 • 15

2장 청와대 속에 담긴 우리 전통의 향기

하늘 아래 가장 복 있는 곳 • 25
본관에 담긴 전통 사상 • 34
건물 외형 뜯어보기 • 40

지붕 모양 I 지붕 추녀에서 잡귀를 쫓는 잡상 I 지붕을 우아하게 떠받치는 공포 I 여의주를 물고 있는 취두와 수리꼬리 치미 I 대통령을 상징하는 용과 봉황 I 서까래의 부식을 막는 토수 I 무서운 얼굴을 한 벽사 I 부와 권위의 상징 단청 I 지붕이 없는 청와대 문 I 차에서 내릴 것을 의미하는 해태 I 불의 신을 쫓아 버린 드므 I 그 밖 조형물 I 청와대로 들어가며 보기

3장 청와대 본관 속 들여다보기

본채 • 69

　　1층 ┃ 2층

그림 이야기 • 86

　　정조의 효행이 담긴 〈능행도〉 ┃ 기상 관측의 〈천문도〉 ┃ 손장섭 ┃ 김병종 ┃ 오용길 ┃
　　배렴 ┃ 장우성 ┃ 서세옥 ┃ 하태진 ┃ 전혁림

청와대 안 소박한 가구 • 124

　　청와대 가구 ┃ 조선시대 왕실 가구

별채 속 들여다보기 • 129

4장 본관 이외 들여다보기

손님맞이를 하는 영빈관 • 141

청와대 정원 녹지원 • 147

전통 한옥 상춘재 • 154

비서진이 근무하는 여민관 • 157

대통령과 그 가족의 사적 공간 관저 • 162

청와대 프레스센터 춘추관 • 164

치욕의 자리 수궁터 • 171

5장 청와대 앞길

폐쇄와 개방 • 177

볼거리 • 179

다양한 순찰 모습 • 183

6장 청와대 밖 보기

왕후가 되지 못한 왕의 어머니를 모신 칠궁 • 189

영조 어머니를 모신 육상궁 | 효장세자 어머니를 모신 연우궁 | 순조의 어머니를 모신 경우궁 | 장조의 어머니를 모신 선희궁 | 경종의 어머니를 모신 대빈궁 | 원종의 어머니를 모신 저경궁 | 영친왕의 어머니를 모신 덕안궁

청와대를 병풍처럼 감싸고 있는 서울 성곽 • 200

청와대 뒷산 북악산 • 208

숙정문 • 212

7장 국가 행사

공식 환영식과 의장 행사 • 221

전통 의장대 복식 및 의장기 • 233

전통 의장대와 취타대의 복식 • 238

머리에 쓰는 모자 전립 | 겉옷 철릭 | 옷 색으로 신분 구분 | 국가 행사 때 거는 전통 깃발

전통 의장대 무예 • 246

칼 솜씨 본국검법 | 창 재주 기창 | 달 모양의 월도

전통 군악 대취타 • 254

전통 의장대와 취타대 의장행렬 • 258

현대식 의장대와 여군 의장대 공연 • 261

에필로그 청와대에서 발견한
        한국의 미에 마음을 빼앗기다 • 266

참고문헌 • 270

조선시대 궁궐의 뒤뜰에서
오늘날의 청와대로

궁궐은 건축, 예술, 문화가 총집합된 창조적이고 매혹적인 공간이다. 궁궐에는 최고 권력자들의 막강했던 전성기는 물론 치욕적이고 쓸쓸한 몰락기까지 한 나라의 역사와 흥망성쇠가 아로새겨져 있다. 우리는 그러한 궁궐의 모습에 매혹을 느끼고 동경한다. 그래서 궁궐은 동화책 속에 가장 많이 등장하는 장소이기도 하다.

궁궐에는 인간으로서 최고의 권력을 지녔던 왕과 왕비와 신하들의 다채롭고 흥미진진한 삶과 이야기들이 남아 있다. 그 기록과 유산과 문화는 오늘을 사는 우리가 반드시 관심을 갖고 알아 두어야 할 것들이다.

서울에는 조선시대 궁궐들이 있다. 조선시대 다섯 궁궐 중에 경복궁은 복원 공사가 한창 진행 중에 있고, 창덕궁은 아름다움과 역사적 가치를 인정받아 유네스코에 등재되기까지 했다. 경운궁과 창경궁은 그 모습이 많이 훼손되긴 했지만 여전히 궁궐로서의 기품을 갖추고 있다. 경희궁은 전각들을 거의 잃어버리고 정전正殿의 숭정전崇政殿과 그 부근의 건물들 몇 채만 남아 있다.

하지만 이 궁궐들을 살아 있다고 여기지 않는다. 왜 그럴까? 그곳에는 주인이 없기 때문이다. 집이 집으로서의 역할을 하려면 주인이 살면서 관리하고 가꿔야 한다. 그래서 조선시대에 지은 궁궐을 옛날 궁궐이란 뜻으로 고궁古宮이라고 한다.

그럼 현대에 와서 궁궐의 역할을 했던 곳은 어디인가? 바로 청와대였다. 그 안에는 잘 알려진 곳들도 있고 아직 잘 알려지지 않은 채 신비롭게 남아 있는 오솔길과 샛길도 있다. 그 길들을 걸으면 역사의 향기와

문화의 아름다움에 흠뻑 빠지게 된다. 청와대는 아직 살아 있는 현대의 궁궐이기 때문이다.

청와대가 역사 속에 처음 등장한 시기는 고려시대다. 고려는 개국할 때부터 풍수지리설의 영향을 받아 개경開京, 서경西京, 동경東京을 삼경三京으로 삼고 있었다. 서경은 지금의 평양이고 동경은 지금의 경주다. 이후 문종 때인 1068년에 동경이 수도인 개경과 너무 멀다는 등 여러 가지 이유로 동경 대신 지금의 서울 청와대 자리를 남경南京으로 해 새로운 삼경이 형성되었다. 하지만 이후 남경은 양주로 격하되었다.

그러다가 서울의 청와대 자리가 다시 남경으로 승격하게 된다. 지리도참설의 영향을 받은 것도 있지만 또 다른 특수한 사정이 있었다. 숙종은 나이 어린 조카 현종으로부터 왕위 자리를 찬탈이나 다름없이 물려받았고 또한 조카인 한산후 윤을 옹립하였던 이자의의 무리들과 유혈극을 벌여 원한을 많이 샀다. 숙종이 즉위한 지 얼마 되지 않아 개경 부근에 때 아닌 서리와 우박이 내리는 등 천재지변이 일어나자 민심도 흉흉해졌다. 그러던 차에 음양대가인 김위제가 지리도참설에 의거하여 남경건도南京建都를 주창하자, 이에 동의하여 남경의 재설치가 실현되기에 이르렀던 것이다.

남경은 숙종 이후 예종을 거쳐 인종 때까지 계속 번성하다가 충렬왕의 삼경제 폐지로 한동안 쇠락의 길을 걷게 된다.

이후 다시 청와대 자리가 역사에 등장한 것은 조선의 건국 때다. 태조 이성계는 재위 3년째인 1394년에 새 수도 건설을 위한 임시 기구로 신도궁궐조성도감新都宮闕造成都監을 만들었다. 그리고는 관리들에게 새 궁궐터를 찾게 했다. 그 결과 고려시대 남경의 이궁 터는 너무 좁아서 새로 궁궐을 짓기가 어려워 좀 더 남쪽에 지어야 한다는 데 의견이 일치했다. 즉 오늘날의 청와대 터에서 좀더 남쪽으로 내려간 평지에 궁궐을 짓기로 한 것이다. 태조는 곧 그해 12월에 정도전에게 궁궐 짓는 일을 시작하라고 명했다. 정도전은 곧바로 태조 4년(1395년)에 본격적으로 궁궐을 짓기 시작해 9월에 완성했다. 이것이 바로 경복궁이다.

그 후 세종 8년인 1426년에 지금의 청와대 자리에 경복궁 후원이 조성됐다. 후원에는 각종 정각亭閣과 누각樓閣과 연무장鍊武場과 과거시험장이 만들어졌다. 하지만 1592년 임진왜란으로 경복궁과 후원은 완전히 폐허가 됐다. 그 상태로 270년간 방치됐다가 고종 2년인 1865년에 흥선대원군의 노력으로 다시 중건돼 화려하게 부활했다.

고종은 현재 청와대 자리인 후원을 북원北苑이라 명하고 중일각中日閣, 오운각五蕓閣, 융문당隆文堂, 융무당隆武堂, 춘안당春安堂 등을 세웠다. 또한 이와 함께 경무대景武臺를 두었다. 경무대는 인재를 등용하는 과거시험을 보는 곳으로 사용됐다.

하지만 1896년 명성황후 시해 사건이 일어난 뒤 고종이 러시아 공사관으로 피신하면서 경복궁은 급격히 쇠잔해 갔다. 일제는 1910년 10월 남산 왜성대倭城臺의 총독부 청사 부지가 협소하다는 이유로 신축할 곳을 물색해 새 총독부 자리로 조선 건국 이래 우리나라의 중심이었던 경복궁 내를 대지로 정하고 1916년부터 공사를 시작해 경복궁의 융성문 등을 허물어 버렸다. 공사한 지 10년 만인 1926년 10월 마침내 조선총독부 청사가 준공돼 경복궁을 압도하게 됐다. 1927년 9월 15일에는 왕궁의 정문인 광화문을 북쪽으로 옮기기까지 했다.

일제는 우리나라의 정기를 완전히 끊어 버리겠다는 생각에서 이렇게 경복궁을 유린하는 한편 1926년에는 총독 관저마저 경복궁 일대에서 물색하게 됐다. 일제는 조선왕조의 상징인 경복궁을 완전히 눌러 버리기 위해 경복궁보다 지대가 높은 경무대 자리 즉 오늘날의 청와대 자리에 총독 관저를 세웠다. 또 풍수상 용맥龍脈에 해당하는 자리를 막아 보겠

다는 속셈과 과거 조선의 관리를 뽑던 과거장을 차지해 버림으로써 우리나라의 정기를 완전히 끊어 버리겠다는 야욕도 있었다고 한다.

조선총독부 청사는 해방 후에도 철거되지 않은 채 중앙청으로, 국립중앙박물관으로 70년 동안이나 계속해서 사용됐다. 또한 총독 관저는 해방 후 미군정 시대에 약 2년 3개월간 하지 장관이 관저로 사용했다.

그러다가 1948년 대한민국 정부가 수립되면서 초대 이승만 대통령이 이곳을 원래 있던 건물 이름을 살려 경무대로 부르게 했다. 해방이 되긴 했지만 국가의 최고 통치자가 집무를 보고 기거한 곳은 여전히 일제 총

독 관저였던 것이다. 이후에도 1991년 4월 노태우 대통령 임기 중간까지 무려 43년 동안 윤보선, 박정희, 최규하, 전두환, 노태우 대통령이 계속해서 집무실로 사용했다.

청와대靑瓦臺란 명칭을 최초로 사용한 사람은 윤보선 대통령이다. 그는 1960년 4·19 혁명 이후 대통령에 취임하면서 이승만 정권을 상징하던 경무대란 이름에 부정부패의 이미지가 있어서 국민들에게 좋지 않은 감정을 준다는 생각에 청와대로 바꾸었다. 고려시대와 조선시대 궁궐의 뒤뜰이었던 곳이 현대에 와서 대통령 관저로 사용된 셈이다.

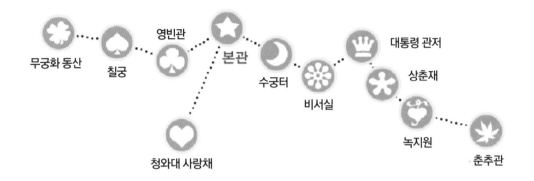

무궁화 동산　　칠궁　　영빈관　　본관　　수궁터　　비서실　　대통령 관저　　상춘재　　녹지원　　춘추관

청와대 사랑채

●●●
청와대 안내도.

청와대는 이후 일제 잔재 청산 작업 후 새로 건축되면서 전통미를 살리기보다는 실용성을 강조해 지어졌다. 청와대에서 재료와 건축양식뿐만 아니라 건물 이름까지 우리 전통에 따라 지은 것은 후원에 있는 상춘재뿐이다. 본관, 춘추관, 영민관, 여민관은 모두 철근 콘크리트로 된 현대식 건물이다.

청와대는 대통령이 거주하면서 정치와 행정을 맡아 처리하던 국가 최고 통치기관이었다. 청와대에는 대통령만 사는 것이 아니라 대통령 비서실장을 비롯하여 대통령을 보좌하는 비서진과 대통령의 안전을 책임지는 경호실 직원 등 많은 사람이 기거하고 근무하며 국가 운영을 했다. 비서진은 여민 1, 2, 3관에 출퇴근하며 각종 정책을 만들어 대통령을 보좌했다. 대통령의 신변은 경호실을 포함한 군과 경찰이 맡았다.

이 책은 청와대가 현대의 궁궐로서 어떻게 살아 숨 쉬었는지를 보여주려고 한다. 새로 들어선 건물은 옛날 궁궐 모습 그대로를 표현하진 않았지만 건축양식과 문양 등을 우리 것으로 자연스럽게 표현하려고 애썼다. 또한 외국의 국가원수를 위한 공식 환영식 등 국가 행사에서 사용하는 의장기, 전통 의장대, 현대식 의장대 등의 모습에서 과거와 현재를 함께 아우르는 모습을 볼 수 있을 것이다.

하늘 아래 가장 복 있는 곳

오늘날의 청와대 모습은 노태우 대통령 때 완성됐다. 춘추관, 관저, 본관이 그때 새로 지어졌다. 특히 청와대 본관은 한 나라의 얼굴을 상징하기에 22명의 전문가로 자문위원회를 구성하여 전통 목구조와 궁궐 건축양식을 기본으로 해 내부에 현대적인 감각과 편의 시설을 갖추도록 했다. 그전까지 청와대 본관은 장소가 너무 협소해서 방문객을 맞기에 아주 불편했다. 1989년 2월 미국의 부시 대통령이 방한했을 때는 수행원이 대기할 장소도 마땅치 않아 곤란을 겪기도 했다.

이런 이유로 청와대 신축이 결정됐다. 당시 청와대 신축 기초석에 우리 민족이 독립한 지도 반세기가 지났고 올림픽도 성공적으로 치러 내고 세계 10대 무역 국가로 발돋움하는 등 경제적 지위 또한 높아짐에 따라 청와대 본관을 신축한다고 새겨 넣었다.

한편 청와대 신축 공사 중이던 1990년 2월 20일에 신축 공사장 바로 뒤 바위에서 '천하제일복지天下第一福地'라는 표석이 발견됐다. 하늘 아래 가장 복 있는 곳이라는 표석의 발견은 청와대 터의 가치를 다시 한번 만천하에 널리 알렸다. 이 표석은 암벽 전면이 풀에 가려져 보이지 않는 상태로 방치돼 있었다. 화강암 암벽을 깎아 만든 이 표석은 가로 2미터 50센티미터에 세로 1미터 20센티미터, 글씨 크기는 가로세로 50센티미터씩이었으며 획의 평균 길이는 9센티미터이다. 글씨체는 해서체였고 연릉 오거延陵 吳据라는 낙관까지 있었다. 청와대에서는 우리나라 금석학의 태두 임창순 옹을 초청해 자문을 구했다. 임 옹이 내린 결론은 300~400년 전 조선 중기 때 만들어진 것으로 서체는 중국 청대의 영향을 받은 것 같다고 했다.

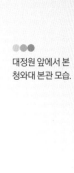

대정원 앞에서 본
청와대 본관 모습.

춘추관은 1989년 5월 10일 착공돼 1991년 9월 29일에 완공됐다. 삼청동 쪽 청와대 경내 입구에 세워졌으며 지하 1층 지상 3층으로 연건평은 1,028평이다.

청와대 본관은 1989년 7월 22일에 착공된 뒤 만 2년 1개월 걸려

1991년 9월 4일에 완공됐다. 옛 기맥을 되살린다는 뜻에서 북악산정, 경복궁, 광화문, 관악산을 잇는 축선에 세워진 신축관은 지하 1층에 지상 2층이다. 2층 본채를 중심으로 좌우에 각각 단층의 별채를 배치했으며 팔작지붕을 올리고 한식 청기와를 이었다. 팔작지붕은 우리나라 건축양식 중 가장 아름답고 격조 높다는 평가를 받는다. 또한 약 15만 장이나 되는 청기와는 도자기를 굽듯이 한 장 한 장 구워 100년 이상을 견딜 수 있는 강도를 지녔다. 1층에는 중앙홀, 대회의실, 대식당, 영부인 접견실이 있고 2층에는 집무실, 접견실, 회의실, 소식당이 마련돼 있다. 지하층에는 기관실, 전기실, 공조실이 설치돼 있다.

본관과 춘추관은 목조건물 모양을 한 철근 콘크리트 건물이다. 본관 내부도 현대적 감각을 살려 설계됐다. 서구식 대저택처럼 공간이 탁 트였고 계단이 있다. 그러나 지붕 추녀, 용마루, 잡상雜象, 추녀를 떠받치는 다심포多心包 형식, 공포共包 모양의 전등, 문틀 등에는 우리 전통 문양을 그대로 사용했거나 현대적 감각으로 변형시켜 전통미가 물씬 살아나도록 건축했다. 현대적 실용성과 전통미가 잘 결합된 예다.

특히 영빈관은 완전히 퓨전 건축물이다. 외형은 그리스와 로마 신전 같다. 내부 공간은 탁 트였고 천장도 높아 서양의 궁전 같은 느낌을 주면서도 벽과 천장이 태극과 무궁화 등 우리 전통 문양으로 꾸며져 한국적 아름다움이 배어 있다.

청와대에서 우리 한옥의 아름다움을 그대로 살린 건물이 전혀 없는 것은 아니다. 청와대 후원에 있으면서 주로 연회장이나 정상회담장으로 사용되는 상춘재는 재료에서부터 건축양식까지 모두 우리 전통 한옥 양식을 보여 주고 있다. 우리 고유의 전통미를 상춘재에서만 감상할 수 있다는 것은 약간의 아쉬움을 갖게 한다. 물론 모든 건축물을 전통적으로 지었다면 보기에는 좋을지 몰라도 실용성이 많이 떨어졌을 것이다.

청와대 건물들은 조선시대 궁궐에 붙여진 건물의 이름을 거의 사용하지 않았다. 건물마다 그 특성에 맞게 이름을 붙였으나 일정한 규칙이나 원칙은 없다.

조선시대 궁궐에는 왕을 비롯해 여러 사람이 살았던 만큼 그들이 사용했던 많은 건물이 있었다. 그리고 그 건물들은 용도와 주인의 신분에 따라 건물 이름에 붙는 끝 글자가 다르다. 건물의 등급에 따라 서열을 매기면 '전당합각재헌루정殿堂閤閣齋軒樓亭'이다.

• 전殿

궁궐 안에서 가장 격이 높은 건물이다. 왕, 왕비, 상왕, 대비, 왕대비 등 궐 안의 웃어른이 사용하는 건물에 붙는다. 행사나 공적인 활동을 하는 건물인 경우가 대부분이다. 근정전, 사정전, 교태전 등이 있다.

• 당堂

전과 규모는 비슷하나 격은 한 단계 낮은 건물이다. 좀 더 사적인 건물에 쓰인다. 양화당, 희정당 등이 있다.

• 합閤/각閣

부속 건물일 수도 있고 독립 건물일 수도 있다. 하지만 대부분은 전과 당의 부속 건물이나 혹은 그것을 보위하는 건물이다. 규장각, 동십자각, 곤령합 등이 있다.

• 재齋/헌軒

왕실 가족이나 궁궐에서 활동하는 사람들이 주로 사용하는 건물이다. 재는 숙식 등 일상적 주거 기능이나 독서와 사색을 하는 기능으로

소박하고 단아한 청와대.
청와대 본관에는 건물에 붙이는
편액도 없다. 건물은 조선시대
궁궐 건물처럼 화사하게 화장을
하지도 않았다. 이는 건축물의
재료가 나무로 만든 목조건물이
아니라 대리석과 철근 콘크리트
로 된 건물이라 그렇겠지만 시각
적으로는 소박하고 단아한 아름
다움을 준다.

사용되었고 헌은 공무적 기능을 갖고 있다. 집옥재, 구성헌 등이 있다.

• 루樓

바닥이 지면보다 한 길 정도 높은 마루로 되어 있는 집이다. 경회루 등
이 있다.

• 정亭

흔히 정자를 말한다. 연못가나 개울가 또는 산속의 경관 좋은 곳에 있
어 휴식이나 연회 공간으로 사용하는 작은 집이다. 향원정, 상양정 등이
있다.

청와대에서 궁궐 건물명처럼 신분에 맞게 이름을 지은 것은 녹지원에
있는 상춘재뿐이다.

조선시대 궁궐의 공간 구조는 내전內殿, 외전外殿, 동궁東宮, 생활주거
공간, 후원後苑, 궐내각사闕內各司, 궐외각사闕外各司, 궁성문宮城門 등으
로 이루어졌다.

　내전은 크게 대전大殿과 중궁전中宮殿으로 구성된다. 대전은 왕이 기
거하는 공간으로 여러 채의 건물이 있는데 왕이 일상적으로 머무는 집
을 연거지소燕居之所라고 한다. 대전은 왕이 가장 많은 시간을 보내는 곳
으로 주요 인물을 만나 중요 현안을 긴밀히 의논하는 궁궐의 핵심이다.
청와대에서 이 기능을 했던 곳은 본관의 대통령 집무실이다. 이에 비해
편전便殿은 왕이 주요 신료들을 만나 공식적인 회의를 하는 곳이다. 청
와대에서는 세종실과 집현실이 그 기능을 했다. 중궁전은 왕비가 기거
하고 활동하는 공간이다. 중전과 중궁이라고 부르는데 위치상 궁궐에서
가장 중앙에 있다. 청와대선 본관 1층 중앙에 있는 영부인 집무실이
이에 해당됐다.

　외전은 왕이 공식적으로 신하를 만나 의식과 연회를 베푸는 곳이다.
외전의 중심은 정전 또는 법전法殿이라고 부르는 건물이다. 정전은 궁궐
에서 외형상 가장 화려하고 권위가 있어 왕의 위엄을 나타내는 건물로

경복궁의 근정전과 창덕궁의 인정전이 대표적이다. 청와대에서는 2층 접견실, 백악실, 인왕실, 충무실 등이 그 역할을 했다. 정전은 회랑回廊으로 둘러싸여 있는데, 그 회랑을 감싼 네모난 넓은 마당이 엄격한 의미의 '조정朝廷'이다. 조정이란 말뜻 그대로 왕과 신료가 조회를 하는 뜰이다. 경복궁이나 창덕궁에 가 본 사람은 누구나 보았을 것이다. 근정전과 인정전 앞뜰에는 문무백관 신료들이 그 서열에 맞게 정1품과 종1품부터 9품까지 설 수 있도록 구역을 구분해 놓았다. 이곳은 조회 이외에도 외국 사신이 왔을 때 국가 공식 행사가 거행되는 곳이다. 청와대에서는 공식 환영식이 열리는 본관 앞 '대정원大庭園'이 그 역할을 했다.

동궁은 차기 왕위 계승자인 세자의 활동 공간이다. 청와대에는 이런

공간은 없다. 궐내각사는 궁궐 안에 들어와 활동하는 관리들의 활동 공간이다. 청와대에서는 비서실인 여민관과 경호실 등이 이에 속했다. 궐외각사는 궁궐에 인접한 곳에 있는 국가 관청으로 의정부, 육조, 사헌부, 한성부 등이 이에 속한다. 지금은 정부 종합청사와 각종 정부 기관이 이에 해당된다. 조선시대에는 경복궁의 광화문 앞부터 광화문 네거리까지 양쪽에 의정부, 육조, 사헌부, 한성부 등 관아 건물이 들어서 있어 육조거리라고 했다. 지금도 이곳에는 정부서울청사와 정부서울청사

궁궐의 조정 같은 기능을 하는 청와대 앞 대정원에서 외국 정상을 영접하는 공식 환영식이 거행되고 있다.

경복궁 근정전 전경이다. 근정전은 1층과 2층 모두 정면과 측면 각 5칸으로 돼 있다. 1892년에 조선 제26대 고종 즉위 30주년과 41세 생신을 기념해 열렸던 진찬연이 2005년 10월 30일 경복궁 근정전 앞 조정에서 재현되고 있다. 조선시대에는 왕실의 주요 행사와 외국의 사신이 왔을 때 행해지는 국가 행사가 이곳 조정에서 거행됐다. 청와대의 대정원에서 외국 정상 공식 환영식을 한 것으로 볼 때 조정의 역할을 했었음을 알 수 있다. 이와 같이 청와대의 건물과 곳곳의 역할은 옛날 궁궐의 기능을 담당했다.

별관인 외교부 청사 등의 정부 주요 부처가 자리하고 있다. 육조거리를 지금은 세종로라고 한다.

청와대는 경복궁의 후원 터에 들어섰기 때문에 옛날 조선시대 궁궐만큼의 규모를 가지고 있지는 않다. 건물 수도 많지 않다. 이는 청와대의 건물이 궁궐의 건물보다 크고 복합 기능을 하도록 만들어졌기 때문이다. 내전과 외전의 역할은 본관과 영빈관에서 이루어졌다. 궐내각사 역할은 여민관에서 했다. 경호실과 춘추관 등의 일부 건물이 독립적으로 있긴 하지만 왕조시대의 건물 규모와 수에 비하면 매우 적은 편이다. 또 대통령과 영부인이 사용하던 건물은 일상생활을 하는 공간과 공무를 수행하는 공간이 확연히 구분돼 있었다.

청와대가 궁궐과 다른 점은 궁녀나 내시와 같은 인력이 없었다는 것이다. 외빈 초청 행사 시 음식은 특급 호텔 요리팀에게 맡겼다. 대통령의 출가한 자녀는 모두 청와대 밖에서 살았다. 따라서 왕실 가족을 위한 공간처럼 별도의 주거 공간이 필요 없었다.

본관에 담긴 전통 사상

청와대 본관 안에는 음양오행陰陽五行 사상이 숨어 있다. 이는 한글을 창제한 세종대왕이 경복궁 경회루를 건축하며 숨겨 둔 그 뜻과 비슷하다. 세종대왕은 음양오행 사상을 근거로 닿소리와 홀소리 28자를 만들었다.

경회루는 경복궁에서 근정전 서쪽에 있는 연회장이다. 경회루는 경복궁 안에서 가장 큰 연회장으로 왕이 문무백관과 외국 사신을 위해 연회를 베푸는 곳이다. 경회는 기뻐하며 모인다는 의미이자 뜻이 통하는 사람들이 모인다는 의미이다.

경회루에 숨어 있는 전통 사상은 48개의 기둥에서 찾을 수 있다.

그림에서 볼 수 있는 바와 같이 바깥쪽 기둥은 네모난 모양이며 안쪽의 기둥은 둥그런 모양이다. 이는 하늘은 둥글고 땅은 평평하고 모나다는 천원지방天圓地方 사상이다. 하늘은 양이고 땅은 음으로 누각 전체가 태극을 의미한다. 즉 하나의 소우주다. 중앙의 3칸은 누각의 정당인 내내진으로 천지인天地人 삼재三才를 뜻한다. 삼재를 떠받치는 여덟 개의 기둥은 삼재와 오행을 합한 주역의 8괘八卦와 같다. 중간의 내진은 12칸으로 1년 12달을 상징한다. 바깥쪽 외진을 떠받치는 사각기둥 24개는 24절기를 뜻한다. 이러한 의미를 품은 설계는 세종대왕이 했다고 한다.

경회루 기둥 평면도.

청와대 본관은 2층으로 된 1개의 본채와 1층으로 된 2개의 별채로 이루어진 3개의 건물이다. 건물이 여러 개이다 보니 기둥의 수도 경회루보다 많다. 그러나 청와대 본관의 기둥도 경회루에서 품고 있는 뜻을 모두 지니고 있다.

청와대 본관 본채는 우리 전통 건축양식 모양을 한 2층으로 된 건물이다. 본채 1층 기둥은 외곽의 정사각형 28개와 안쪽 원형 8개이며 2층 기둥은 원형 28개이다. 천원지방의 원리가 이곳에도 적용됐다. 둥근 하늘이 위에서 네모지고 평평한 땅을 덮고 있다. 대통령 집무실을 2층에 두고 영부인 집무실을 1층에 두어 외적인 모습뿐만 아니라 기능적인 측면에서도 음양의 조화를 맞췄다.

왼쪽 1층 기둥 평면도.

본채 중앙의 8개 기둥은 3칸을 만들어 천지인을 의미하고 8개의 기둥은 주역의 8괘를 뜻하기도 한다. 천지인의 뜻은 본채 출입문의 8개 기둥에서도 볼 수 있고 본채 앞 양옆에 있는 별채에서도 볼 수 있다. 둥근 기둥으로 된 천지인 조합은 본채에 2개, 동쪽 별채인 충무실에 5개, 서쪽 별채인 세종실에 5개로 모두 12개 즉 12개월을 나타내고 있다.

태극에서 분화된 오행은 본채와 별채 모두에서 찾을 수 있다. 본채는 1층과 2층 모두 정면 9칸 측면 5칸으로 된 90칸 집이다. 측면의 5칸은 수화목금토 오행을 뜻하며 본채에는 1층과 2층에 각 9개의 오행이 있다. 별채는 정면 5칸 측면 3칸으로, 측면에서 보면 천지인 삼재를 뜻하고 정면에서 보면 수화목금토 오행을 뜻해 2개의 별채에 각 3개의 오행이 있다. 이로써 오행의 조합은 본채 18개와 별채 6개를 합해 모두 24개로 24절기를 뜻한다.

천지인 삼재는 천신天神인 환인과 지신地神인 환웅과 함께 인신人神인 단군을 동일시하는 삼신일체설인 단군신앙에서 나온 것이다. 우주 만물

중에 이성을 가지고 있는 인간만이 하늘과 땅의 변화를 깨달아 살아갈 수 있는 유일한 동물이다. 이는 인본주의 사상으로 널리 인간을 이롭게 한다는 홍익인간弘益人間의 기본 원리다.

음양오행설은 중국 송나라 주렴계의 『태극도설太極圖說』에서 나온 것이다. 『태극도설』은 인성론과 우주론을 한 장의 그림으로 나타냈으며 후대에 주희에 의해 이기理氣 철학의 근본원리로 공인되고 성리학의 모태가 된다.

『태극도설』의 첫 구절을 보면 "무극은 태극이다. 태극은 움직여 양을 낳고 움직임이 극에 이르면 고요해진다. 고요하면 음을 낳고 고요함이 극에 이르면 움직임으로 되돌아간다. 음양과 오행은 태극에서 발현된 것이다"라고 되어 있다. 태극을 우주 만물과 인간존재의 궁극적 원리로 본 것이다.

주희는 만물을 일관하는 것이 하나의 태극이며 모든 물체는 각기 하나의 태극, 즉 이理를 가지고 있다고 했다. 태극은 만물의 보편적 운행 원리인 이와 동일시된다. 만물이 변화하고 끊임없이 생성하는 것은 기의 발현이다. 기가 발현하는 근본은 이, 즉 태극에서 나온 것이다. 이에 태극은 음양과 오행으로 발현해 우주 만물을 끊임없이 생성시킨다. 이 때문에 1년을 12달과 24절기로 순환하며 계속해서 변화하고 생성한다.

주희는 또 사람의 본성을 태극으로 보면 선한 마음과 악한 마음은 음양이고 인의예지신仁義禮智信의 오상五常은 오행을 본뜬 것이라 했다.

주렴계의 『태극도설』과 주희의 이기론은 인도로부터 들어온 불교의 우주론에 대응하기 위해 송대에 새롭게 만들어진 유교 사상이다. 이 사상은 공자가 『십익』의 주해를 단 『주역』을 해석하는 주된 이론이 됐다. 또 고려 말 원나라에서 안향, 백이정, 박충좌 등 학자들에 의해 우리나라에 들어와 조선 건국의 이념이 되었다. 이후에 이 사상은 우리 민족이 사물을 바라보는 근본 사상이 된다.

우리의 국기인 태극기도 태극과 음양 사상으로 그려졌고, 한방의학의 주된 이론인 사상의학도 이 사상에 근거를 두고 있다. 오행 사상은 중앙과 동서남북으로 나뉘는 방위 개념으로 사용돼 군사 배치 및 위치, 시간 등을 계산하는 데 쓰인다. 우리는 알게 모르게 이러한 사상을 가지고 살아 간다.

『태극도설』의 음양 사상으로 주역의 괘를 해설하면 다음과 같다. 우주 만물의 근원인 태극은 음양으로 분화돼 양효陽爻와 음효陰爻인 양의兩儀가 된다. 양이 둘 모이면 태양太陽(=)이고, 음이 둘 모이면 태음太陰(==)이고, 음이 양을 덮으면 소음少陰(==)이고, 양이 음을 덮으면 소양少陽(==)이다. 태양, 태음, 소양, 소음은 사상四象으로 한의학인 근본원리인 사상의학이 되었다. 사상에 음과 양을 각각 덮은 것이 8괘가 되고 8괘를 각각 혼합하면 64괘가 된다.

수화목금토 오행은 숫자와 방위의 개념으로 중요하게 사용된다. 오五는 일一에서 구九까지 숫자 중 중앙에 있는 것으로 동양의 수 개념에서 기준이 되는 중요한 수이다. 소우주인 내가 서 있는 곳을 중앙으로 기준을 잡고 전후좌우前後左右를 합쳐 오방五方이라는 공간 개념이 나온다. 여기에 동서남북 같은 방위 개념과 춘하추동의 사계절이 연결된다. 청靑, 홍紅, 황黃, 백白, 흑黑의 오방색五方色이 등장하고 사방에서 임금을 지켜주는 상상의 동물인 사신四神(청룡靑龍, 백호白虎, 주작朱雀, 현무玄武)과도 연결된다. 후에 유교 사상인 오상五常의 인仁, 의義, 예禮, 지智, 신信도 연결된다.

오행을 계절과 인성으로 더 자세하게 설명하면 다음과 같다. 나무 는 생장하는 것으로 아침에 해가 솟는 동 이며 계절로는 만물이 소생하는 봄이고 색은 청색이면서 오상은 사랑을 육성하는 인仁이다. 쇠(金)는 자르고 베는 성질을 가지고 있어 해가 지는 서쪽이며 계절로는 추수하는 가을이고 색은 흰색이면서 오상에서는 엄격한 기준에 따라 옳고 그름을 따지는 의義이다. 불(火)은 뜨거운 성질을 가지고 있어 남쪽이며 여름이고 붉은색이면서 오상으로는 사람으로 법도의 예절을 지키는 예禮이다. 물水은 차가운 성질을 가지고 있어 북쪽이며 겨울이고 깊은 물이 내는 검은색이면서 오상으로는 냉철한 지혜를 뜻하는 지智이다. 흙(土)은 만물이 자라는 바탕이 되는 것으로 색깔은 황색이고 방위는 중앙이며 오상으로는 신信이다.

뒤에 청와대 뒷산인 북악산 개방과 국가 행사에서 다시 설명하겠지만 우리 조상들은 이러한 오행 사상에 바탕을 두고 궁궐과 도성을 건설하고 묏자리를 잡았다. 조선시대부터 우리나라의 수도인 서울에서 보신각普信閣을 4대문 안 중앙에 두고 종루를 만든 까닭도 이에 근거한 것이다. 전통 의장대가 들고 있는 오방기와 의장대원들이 입은 옷의 색깔은 오방색으로 이루어졌다.

건물 외형 뜯어보기

지붕 모양

본관 외형은 우리 건축물의 멋을 웅장하고 아름답게 살렸다. 우리는 본관과 춘추관 등을 통해 우리 건축물의 양식을 볼 수 있다. 또 건물 외형을 하나하나 뜯어봄으로써 궁궐 건축물에 숨겨진 뜻을 해부해 보겠다.

본관 건물은 2층으로 된 1개의 본채와 1층으로 된 2개의 별채로 이루어졌다. 지붕 양식은 본채와 별채 모두 '팔작八作지붕'이다. 본채는 1, 2층 모두가 정면 9칸과 측면 5칸으로 돼 있다. 본채 동서쪽에 쌍둥이처럼 배치돼 있는 별채는 둘 다 정면 5칸과 측면 3칸으로 돼 있다.

지붕에 올린 청기와의 모습을 자세히 살펴보면 수키와와 암키와, 수막새와 암막새 같은 일반 기와 이외에 잡상雜象, 취두鷲頭, 용두龍頭, 토수吐首 등 궁궐에서 볼 수 있는 장식 기와를 사용했다.

이들 장식 기와는 대부분 무서운 얼굴을 하고 있다. 그 이유는 사악하고 나쁜 기운이 궁궐 안으로 들어오지 못하게 하기 위함이다. 장식 기와 이외에 '해태'와 '드므' 등도 사악한 기운을 쫓아내는 벽사辟邪의 기능을 가지고 있다. 이들이 배치된 장소는 궁궐과 마찬가지로 청와대에서도 지붕과 출입구 등 건물 밖이다. 사찰이나 민간에서 이와 비슷한 기능을 하는 것은 사천왕四天王이나 치우천왕蚩尤天王 등이다. 모두 평안과 융성을 기원하는 것이다.

한옥의 건축양식은 기둥과 건물 배치로도 구분할 수 있지만, 지붕 모양에 따라 건물의 중요도와 규모 등이 결정된다. 한옥의 지붕 양식은 그 모양에 따라 '팔작지붕' '맞배지붕' '우진각지붕' 등 세 가지로 구분된다.

팔작지붕은 우리 전통 지붕 모양 중 가장 아름답고 격조 높은 양식으로 꼽힌다. 지붕 위까지 박공博棋(하각 머리나 맞배지붕의 양쪽 끝머리에 '八' 모양으로 붙인 두꺼운 널 또는 벽)이 달려 용마루 부분이 삼각형 벽을 이루는 맞배 모양이다. 처마는 활시위처럼 끝이 곡선으로 올라간 우진각과 같다. 경복궁 근정전, 창덕궁 인정전, 능가사 대웅전 등 가장 으뜸이 되는 건물에 주로 사용된다.

청와대 본관을 보면 팔작지붕이 어떻게 생겼는지 쉽게 알 수 있다. 지붕 윗부분이 삼각형 맞배 모양을 하고 있는 동시에 중간부터 처마 끝까지 활처럼 올라가 유선형의 우진각지붕 양식을 한 모습이 혼합돼 있다. 왼쪽 작은 건물은 본관 서쪽 별채인 세종실의 지붕 모습으로 팔작지붕을 측면에서 본 것이고 오른쪽 큰 건물은 본채를 정면에서 본 모습이다.

청와대 본관 팔작지붕.

맞배지붕 양식을 한 청와대
춘추관.

춘추관 2층에 있는 신문고 누각
의 모습이다. 신문고 지붕은 4각
정으로 된 우진각지붕 양식을 하
고 있다.
우진각 지붕은 추녀가 얼마나 멀
리 곡선을 그리며 뻗어 있느냐에
따라 그 우아함과 웅장함을 알
수 있다.

서쪽 별채 지붕 모습이다.

맞배지붕은 가장 단순한 지붕 형식으로 지붕면이 양면으로 경사를 지어 책을 반쯤 펴 놓은 八 자형이 된다. 정면에서 보면 장방형(직사각형)의 지붕면이 보이고 측면에서는 八 자형의 지붕면 테두리(내림마루)가 보일 뿐이다. 맞배지붕의 아름다움은 측면에서 볼 때 가장 잘 드러난다. 특히 수덕사 대웅전과 무위사 극락보전은 처마 양끝을 조금씩 치켜 올리고 용마루 선 역시 중앙부를 처지게 하는 것으로 조화를 줘서 아름다움을 극대화했다. 용마루 선과 처마 선이 수평이면 부자연스럽게 늘어져 보일까 봐 역으로 더 한층 처지게 해 교정한 것으로 여겨진다. 이는

춘추관 출입문.
수키와와 망와에 왕권의 상징인 용이 양각돼 있다. 지붕 밑은 공포를 기둥에만 설치한 주심포 양식이다. 출입문의 조그만 문에 기와를 얹는 경우도 수키와와 암키와가 어울려 골을 만드는 유선의 아름다움이 살아 있다.

춘추관 추녀.
서까래가 가지런히 뻗어 있고 공포는 출입문과 같이 기둥에만 설치한 주심포 양식이다. 청와대 건물에 단청이 칠해지지 않은 이유는 목조건물이 아니고 목조건물을 흉내 낸 철근 콘크리트 건물이기 때문이다. 목조건물을 오방색으로 단청한 것은 권위를 나타내기 위한 것이기도 하지만 비바람에 나무가 썩지 않게 하기 위한 방편이다. 이에 비해 콘크리트 건물은 나무처럼 썩지 않을 뿐 아니라 색을 칠한다 해도 나무에서 느껴지는 색감을 느낄 수 없고 관리에도 어려움이 많다. 아마도 이런 결과 때문에 청와대 건물에는 단청이 입혀지지 않은 것 같다.

상류층 주택의 행랑채와 서민층 주택의 몸채에 이용됐다. 청와대에서는 출입기자단이 사용하는 춘추관이 맞배지붕으로 지어졌다.

청와대 춘추관은 넓은 판자를 맞대어 놓은 모습으로, 가장 단순한 지붕 양식임을 알 수 있다.

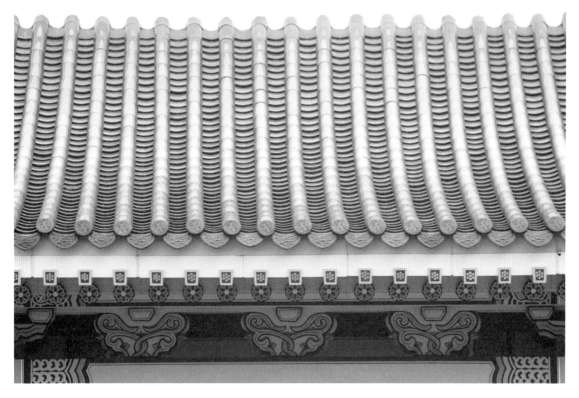

본관 본채 출입문 지붕(위쪽)과 본채 지붕(아래쪽)의 모습이다. 기와지붕의 굴곡과 선이 참으로 아름답다.
우리 건축의 멋은 자연스런 선과 굴곡에 있다고 할 수 있다.

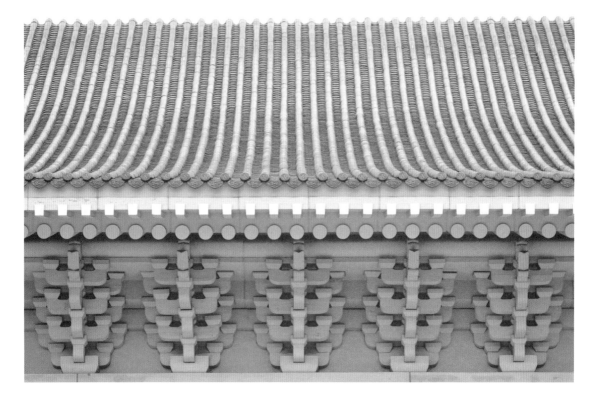

우진각지붕은 지붕 네 모서리의 추녀마루가 처마 끝에서부터 경사지게 오르면서 용마루 또는 지붕의 중앙 정상점에서 합쳐지는 형태이다. 지붕면도 곡면으로 하는 한편 처마 선도 양끝 추녀로 갈수록 오르는 곡선으로 만든다. 모임지붕집이라고도 한다. 정면, 측면, 후면 쪽으로 모두 지붕면을 형성하고 처마와 추녀를 가지고 있다. 4면의 지붕면만이 아닌, 이와 유사한 방식으로 지붕을 꾸미는 6각과 8각과 다각 등의 지붕도 우진각지붕에 속한다. 우진각지붕은 성문城門이나 누문樓門에 많이 사용해 왔다. 그 대표적인 예로는 숭례문崇禮門, 흥인지문興仁之門, 광화문光化門 등이 있다. 또한 궁궐이나 정원 등에서 소규모 정자 건축에 사용했다. 현대에는 용마루를 약하게 해 단독주택이나 저층 아파트 등에서 종종 이용하고 있다.

청와대 지붕은 맞배지붕과 우진각지붕을 합한 팔작지붕이다. 용마루에는 용이 여의주를 물고 있는 취두가 있고 맞배지붕의 추녀 아래 끝과 우진각지붕의 추녀 윗부분에는 용머리가 있다. 용머리 앞에는 현장법사를 필두로 손오공과 저팔계와 사오정 등 잡상들이 그 뒤를 따르고 있다. 현장법사 바로 아래 추녀 끝에는 나무의 부식을 방지하기 위한 토수가 있고 수막새와 망와에는 왕권을 상징하는 용이 양각돼 있음을 알 수 있다. 4개의 공포가 줄지어서 무거운 추녀를 떠받치고 있는 모습도 정확히 볼 수 있다.

지붕 추녀에서 잡귀를 쫓는 잡상

동쪽 별채와 서쪽 별채 우진각지붕의 추녀에 있는 잡상이다. 맨 앞 대당사부인 현장법사를 필두로 7개 잡상이 얹혀 있고 그 뒤에 용머리가 놓여 있다. 현장법사, 손오공, 저팔계, 사오정, 이귀박, 이구룡, 마화상 순이다. 잡상 뒤에는 왕권을 상징하는 상상의 동물인 '용머리'가 큰 입을 벌리고 잡상들을 호위한다.

　잡상雜象은 취두, 용두, 토수 등과 함께 우리나라 궁궐에서 볼 수 있는 장식 기와로 목조건축물 지붕 위에 배치된다. 화재를 예방하고 사악한 기운을 물리친다는 벽사의 의미를 지니고 있다. 상징적으로 잡상은 궁궐에서 최고 통수권자를 지키는 근위병 역할을 하는 호위무사다.

　잡상은 고려 말에서 조선 초에 처음 등장하기 시작했다고 한다. 초기에는 중국 잡상과 비슷하게 도교 인물 혹은 길상동물吉祥動物(봉황과 용 등 복을 주는 동물)들로 불리거나 제작됐다. 후대로 가면서 우리 잡상은 요괴를 퇴치하는 『서유기』의 등장인물로 그 명칭이 바뀐 것으로 보인다. 이밖에 당시 지식인들에게는 '수련'과 '장생불사'의 의미로 이해되기도 했다.

잡상은 궁궐과 왕릉 건축물 지붕의 추녀마루 위에 덧얹었다. 우리나라 잡상은 명대 소설『서유기』에 등장하는 인물과 토신土神 등을 형상화했다. 그 수는 맨 앞에 현장법사인 대당사부大唐師父부터 손행자孫行者(손오공), 저팔계豬八戒, 사화상獅畵像(사오정), 이귀박二鬼朴, 이구룡二口龍(마화상馬畵像), 삼살보살三殺菩薩, 천산갑穿山甲, 나토두羅土頭 등 모두 10개이다.

대당사부는 당나라 승려인 현장을 형상화했다고 한다. 갑옷 같은 옷을 입고 두 팔을 벌린 채 앉아 있다. 손행자는 삼장법사(현장법사)를 호위하는 제자 손오공이다. 원형 판 위에 고깔이 붙은 모자를 쓰고 있다. 저팔계는 손오공과 함께 삼장법사를 호위하는 제자이다. 잡상의 형태는 고개를 뒤로 젖힌 모습이다. 사화상은 삼장법사의 셋째 제자로 저팔계와 비슷한 모습이지만 머리를 앞으로 하고 있다. 이귀박은 그 용어의 일례를 찾을 수 없었다. 형태는 머리에 뿔 3개가 있고 꿇어앉은 것처럼 아래쪽이 나와 있다. 이구룡은 명칭만으로는 입이 두 개 있는 용이라는 뜻이다. 이귀박과 비슷하지만 뿔이 2개이며 서 있는 자세로 몸통이 홀쭉하다. 마화상은 명칭과 형태로 봐서 말과 비슷하다. 삼살보살은 사람의 형상으로 두 손을 모으고 있다. 천산갑은 귀처럼 보이는 뿔이 있고 명칭으로 보아 주로 개미를 먹으며 딱딱한 비늘 껍질을 한 동물과 비슷하다. 나토두는 명칭만 있고 그림이 없어서 확인하지 못했다.

잡상의 수는 지붕의 규모와 건물의 중요도에 따라 추녀마루에 각각

●●●
내림 추녀의 길이가 가장 긴 본
채 좌우 지붕 위에는 잡상의 수
가 모두 11개다. 본채 출입문 추
녀에는 5개의 잡상이 있다. 추녀
끝에는 부식을 방지하기 위한 토
수가 있다.
새 날개처럼 뻗은 추녀는 4쌍의
공포로 받들여져 있다.

5, 7, 9, 11개로 배치된다. 우리나라에서는 짝수는 음수陰數, 홀수는
양수陽數로 봤는데 음수를 잘 쓰지 않았기 때문에 홀수로 배치됐다고
한다.

　우리 것이 불교적인 성격으로 모두 10개인 것에 비해 중국 잡상은 도
교적인 성격으로 모두
11개이다. 배열된 순서
대로 보면 선인仙人, 용
龍, 봉황鳳, 사자獅子, 천마
天馬, 해마海馬, 산예狻
猊, 압어押魚, 해치獬豸,

●●●
서쪽 별채 지붕 잡상. 그 수가
7개다(위).
본관 출입문 지붕 잡상. 그 수가
5개다(아래).
현장법사를 필두로 제자인 손오
공, 저팔계, 사오정, 이귀박, 이
구룡 등 땅의 신들이 줄지어 서
서 호시탐탐 침투하려고 하는
사악한 기운의 접근을 물리치고
있다.

두우斗牛, 행십行什으로 구성돼 있다.

우리나라 잡상은 궁궐의 전각, 도성의 성문城門, 왕릉과 원묘의 정자
각亭子閣, 종묘宗廟, 성균관成均館, 동묘東廟 등에 제한적으로 사용했지
만 중국 잡상은 궁궐 이외에 사찰과 민가에도 설치했다.

잡상의 수는 건물의 규모 즉 추녀의 길이와 중요도에 따라 결정된다.
본채 가장 큰 지붕에는 11개, 동·서쪽 별채 지붕엔 7개, 본관 출입문 작
은 지붕엔 5개가 있다.

지붕을 우아하게 떠받치는 공포

한옥의 멋은 지붕 추녀와 처마가 얼마나 멀리 곡선을 그리며 뻗쳐 있
느냐에 따라 결정된다. 청와대 본관 추녀는 새가 날개를 펼친 것처럼 곡
선으로 올라가 있다. 그 곡선의 흐름은 경복궁 근정전과 창덕궁 인정전
못지 게 아름답다. 추녀와 처마 밑을 자세히 보면 무언가 빼곡하게 지붕
처마를 떠받치고 있음을 볼 수 있다. 이같이 지붕의 무게를 떠받치는 것
을 '공포共包'라고 한다. 청와대 본관 지붕은 4쌍의 공포를 줄지어 사용

본채 출입문의 장식 기와와 단청 모습. 본채 출입문의 취두, 용머리, 본채 지
붕을 4쌍의 공포가 받치고 있다.

수키와와 망와에 왕권을 상징하는 용 문양이 양각돼 있다. 단청의 꽃문양은
연꽃을 형상화했다.

한 다포식多包式을 썼다.

공포는 우리 전통 건축 기법으로 기둥에만 공포를 배치한 '주심포식柱心包式', 여러 개의 공포를 사용한 다포식, 주심포와 같이 기둥에만 공포를 사용하면서 세부 기법은 다포식과 흡사한 익공식翼工式 등 세 가지로 나누어진다.

여의주를 물고 있는 취두와 수리꼬리 치미

취두는 지붕 용마루의 양쪽 끝에 앉아 있는 조형물이다. '취두鷲頭'를 글자 그대로 풀이하면 수리머리이다. 대부분의 취두는 이상하게 생긴 새의 머리 모양을 하고 있으며 옆면에는 용의 그림이 새겨져 있다. 취두는 용머리와 함께 고려 중기에 치미鴟尾 대신 사용되기 시작했다. 청와대의 취두에는 용이 여의주를 물고 하늘로 승천하는 모습을 양각해 나라의 무궁한 발전을 상징하고 있다.

치미는 용마루 양쪽 끝머리에 얹는 장식 기와다. 큰 독수리의 꼬리 모양이다. 치미의

●●●
청와대 본관 본채 좌·우측에 있는 취두. 용이 여의주를 물고 하늘로 승천하려는 모습이다.

●●●
삼청동 총리 공관 삼청당 지붕의 치미.

발생에 대해서는 여러 가지 설이 있으나 일반적으로 길상과 벽사의 의미를 지닌 봉황에서 비롯됐다고 한다. 중국 한나라 때는 치미를 반우反羽라 불렀고 진나라 때는 치미라고 했으며 우리나라의 경우 통일신라시대에는 누미樓尾라고 했다.

대통령을 상징하는 용과 봉황

용龍은 중국에서 회오리바람이 하늘로 올라가는 형태를 보고 형상화한 상상의 동물이다. 바다나 강에서 물기둥이 회오리바람으로 휘돌아 하늘로 올라가는 것을 청룡靑龍이라 하고, 들판에서 회오리바람이 황토를 휘감아 하늘로 올라가는 것을 황룡黃龍이라고 한다. 지금도 바다나 육지에서 회오리바람이 하늘로 올라가는 모습을 보고 용오름 현상이라고 한다. 그래서 용의 모습은 언제나 꿈틀거리며 뒤틀려 있다. 이처럼 용은 하늘과 지상을 연결하는 신비로운 힘을 가진 동물이다. 그래서 왕을 상징하는 동물이 됐다. 용의 형태는 머리에 뿔이 있고 몸통은 뱀과 같이 비늘이 있으며 날카로운 발톱이 달린 네 다리를 가졌다.

청와대와 궁궐 건물에는 내림마루나 추녀마루의 하단부에 용머리를 얹었다. 용머리를 무섭게 표현한 것은 화재를 예방하고 사악한 기운을

●●●
본관 출입문 위 지붕의 잡상과
용머리를 강조해 촬영한 모습
이다.

이 봉황은 영빈관 2층 연회장 정면에 있는 봉황이다. 한 쌍의 봉황과 무궁화는 대한민국 대통령을 나타내는 대표적인 상징물이다.

본관으로 들어가는 출입문에도 봉황과 무궁화문이 붙어 있다. 봉황은 강직하고 힘 있게 표현되지 않고 부드럽고 아름답게 표현됐다.

춘추관 담장과 춘추문 장식 기와에 새겨진 봉황과 용문양.

영빈관 앞에 있는 분수대 위에서 날개를 활짝 펴고 금방이라도 날아갈 듯이 서 있는 봉황의 모습이다.

물리치기 위해서다. 용머리는 취두와 함께 고려시대부터 제작되기 시작해 조선시대에 성행했다.

『장자莊子』「내편內篇」'소요유逍遙遊'에 보면 다음과 같은 이야기가 있다. 북녘 바다에 물고기가 있다. 그 이름을 곤鯤이라고 한다. 곤의 크기는 몇천 리나 되는지 알 수가 없다. 이 물고기가 변해서 새가 되면 그 이름을 붕鵬이라 한다. 붕의 등 넓이는 몇천 리나 되는지 알 수 없다. 힘차게 날아오르면 날개가 하늘 가득히 드리운 구름과 같다. 이 새는 바다기운이 움직여 큰 바람이 일 때 그 바람을 타고 남쪽 바다로 날아가려 한다. 남쪽 바다란 곧 하늘의 바다를 말한다. 붕이 남쪽으로 날아갈 때 한 번의 날갯짓으로 바다에서 일으키는 파도가 3,000리나 가고, 회오리 바람을 타고 하늘로 오르기를 9만 리나 된다. 엄청난 힘과 능력을 가진 새다. 이런 붕의 다른 표현이 바로 '봉황鳳凰'이다. 즉 옛날에 봉황은 절대 왕권을 상징했다.

봉황에서 봉은 수컷을, 황은 암컷을 말한다. 성인聖人의 탄생에 맞춰 세상에 나타나는 새로 알려진 봉황은 사이좋게 오동나무에 살면서 감로수를 마시고 대나무 열매를 먹는다. 이 새는 오색의 깃털을 가지고 5음의 신비로운 음을 내 모든 새들의 왕으로 여겨진다. 전반신은 기린,

후반신은 사슴, 목은 뱀, 꼬리는 물고기, 등은 거북, 턱은 제비, 부리는 닭을 닮았다.

왕을 상징하는 동물이 '용'이라면 왕을 상징하는 새는 '봉황'이다. 용도 실재하지 않는 상상의 동물이지만 봉황도 상상의 새다. 용은 청와대 지붕 위에서 여의주를 물고 있거나 요괴를 물리치기 위해 사나운 얼굴을 하고 있다. 이에 비해 봉황은 우아하고 고고한 자태로 서서 지긋이 아래를 내려다보고 있다. 영빈관 앞 분수대 위에는 봉황이 날개를 활작 펴고 서 있다. 부드러운 곡선이 아름답다. 힘은 우직함에서 나오는 것이 아니라 부드러움에서 나오는 것이 아닐까?

서까래의 부식을 막는 토수

본채 좌·우측 추녀 끝에 있는 요상한 물건은 토수吐首라고 한다. 토수

●●● 본관 출입문 위에 있는 토수.

는 처마 모서리에 돌출된 서까래인 추녀 끝이나 사래 끝 마구리를 장식하는 장식 기와다. 토수는 고려 후기부터 출현한 것으로 추정된다. 정면은 용이나 이무기나 잉어 같은 형상으로 만들어졌으며 뒤쪽은 서까래 끝에 씌워질 수 있도록 구멍이나 있다. 궁궐과 관아 건물에 쓰이는 토수는 목조건물의 나무 부식을 막기 위해 사용된 장식 기와다.

토수의 머리는 물고기처럼 생겼는데 이빨이 있는 것을 보면 물고기도 아니다. 용이 되기 전 이무기의 형상일까? 어쨌든 외부로부터 들어오는 사악한 기운을 몰아내고 처마가 비에 부식되는 일을 막기 위해 만들었다는 것은 확실하다.

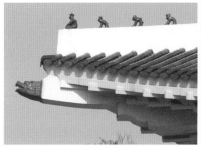

　토수 위에 있는 '수키와'와 '망와望瓦'에는 어김없이 왕권의 상징인 용이 새겨져 있다.

　장식 기와들이 추녀 위와 아래에서 잡귀가 들어오지 못하게 무서운 얼굴을 하고 청와대를 지킨다. 물론 이런 장식 기와는 옛날 궁궐에도 같은 위치에 있다. 사찰에서 일주문이나 본당에 들어가는 문 양쪽에 만들어 놓은 사천왕의 역할과도 비슷하다.

무서운 얼굴을 한 벽사

지붕 끝에 있는 저 이상한 모습은 또 무엇인가? 벽사辟邪라고 한다. 이는 민속에서 귀신이나 사악한 것을 쫓는 의미로 쓰이는 상상의 동물이다. 대다수 학자들은 벽사를 전설에 나오는, 모든 것을 먹어치우는 도철이나 도깨비라고도 한다. 벽사 바로 밑에 끝부분이 둥근 기와는 수막새라고 하고 그 아래 있는 기와는 망와라고 한다. 지붕의 끝에서 비나 눈이 추녀 밑으로 들어가는 것을 막는 역할을 한다. 암막새와 망와에 왕권을 상징하는 용과 봉황 문양을 새겼다.

지붕 끝에 있는 벽사의 모습
이다.

부와 권위의 상징 단청

전통 한옥의 양식을 그대로 답습한 상춘재에도 단청이 칠해져 있지 않고 소박하다. 단청은 왕권의 상징이자 부의 상징으로 궁궐과 사찰에서나 볼 수 있는 문양이었다. 그런데 요즘에도 사찰과 관공서의 큰 건물에 단청이 들어가는 것을 보면 여전히 권위와 부의 상징인가 보다.

◖◗●●
본관 출입문 지붕의 추녀 밑을 보면 단청으로 이뤄졌다. 청와대에서 유일하게 단청이 있는 곳이다.

지붕이 없는 청와대 문

우리나라 궁궐의 전통문은 문 위에 지붕이 있다. 반면 청와대 문 중에 지붕이 있는 것은 춘추관으로 들어가는 춘추문, 본채 출입문, 본관에서 영빈관으로 이동할 때 거치는 2개의 문뿐이다. 나머지 문은 지붕이 없고 철재로 돼 있다.

궁궐의 출입문은 우진각지붕으로 웅장하게 멋을 냈다. 그러나 궁궐 내부 문들은 추녀에 곡선을 넣기에는 너무 작아서 대부분 맞배지붕으로 처리했다. 경복궁의 정문인 광화문과 창덕궁의 정문인 돈의문처럼 궁궐의 출입문은 웅장하고 위엄이 있어 드나드는 사람을 압도한다. 문이 크고 높기 때문에 3개의 문 가운데 큰 문을 열지 않으면 안을 들여다볼 수 없다. 그런데 문 안에 또 문이 있어 밖에서는 내부의 본채가 보이지 않는다. 고궁에 가 본 사람이면 다 알 수 있듯이 건물을 가운데 두고 사방으로 담이 있고 또한 사방으로 문이 있다. 그만치 옛날 궁궐은 매우 폐쇄적이다. 양파 껍질을 벗기듯 문이 많다. 오죽했으면 구중궁궐九重宮闕이라 했겠나? 궁궐은 외곽의 성곽을 두고 또 다른 방어 개념으로 만든 내성이다.

이에 비해 청와대 본관으로 들어가는 정문과 영빈관으로 들어가고 나오는 문은 철재로 된 창살문이어서 밖에서 안을 볼 수 있다. 외부에서 안으로 들어가는 문 중에 유일하게 지붕이 있는 춘추문도 우진각지붕의 곡선을 갖추기에는 너무 작아 지붕 양식 가운데 가장 간소한 맞배지붕으로 만들어졌다. 이는 아마도 역대 대통령들이 청와대를 건축할 때 웅

◖◗◖◗◖◗
왼쪽부터 시계 방향으로 광화문, 춘추문, 청와대 정문, 영빈관 출입문.
궁궐 문인 광화문은 성문 위에 누각을 만들어 웅장하게 표현했다. 이에 비해 청와대 외곽출입문 중에 유일하게 지붕이 있는 춘추문은 규모가 작아 간소한 맞배지붕으로 처리했다.
청와대 정문과 영빈관 출입문 등 청와대의 대부분 출입문에는 지붕이 없다. 철재 문으로 되어 있어 밖에서 담 안에 있는 건물의 모습을 볼 수 있다.

장하고 고풍스럽게 건축하려면 많은 예산이 들어가기 때문에 여론을 의식해서 실용적으로 건축한 것으로 보인다. 해방 이후나 경제개혁을 추진할 때 최고 통치자가 집무를 보며 사는 집이라고 해서 지나치게 치장을 했다면 국민감정이 좋지 않았을 것이다. 어쨌든 청와대 건물은 한 건물 안에 여러 개의 기능을 몰아넣었다. 대부분 멋이나 전통보다는 실용적으로 건축됐다.

차에서 내릴 것을 의미하는 해태

해태상은 액운을 쫓는 벽사로도 사용됐다지만 무섭다기보다는 익살스럽게 보인다. 예전에는 하마下馬(말에서 내리는 곳)였다고 한다. 오늘날에는 공식 환영식 때 외국 정상을 태운 승용차가 해태상 앞에서 정차한다. 눈이 살짝 덮인 해태상의 모습이 맨 얼굴보다 더 앙증맞아 보인다.

본관 앞 계단에 있는 해태상.

영빈관 현관 출입문 앞 좌측(위)
과 우측(아래)에 있는 해태상
이다. 본관 출입문에 있는 해태
보다 웅장하고 근엄해 보인다.
어디서 많이 본 해태와 같은데,
경복궁의 남문인 광화문 앞에 있
는 해태상과 모양과 규모가 비슷
하다.

불의 신을 쫓아 버린 드므

이 커다란 물동이는 '드므'라는 것으로 궁궐에서 화기를 억제하는 상징물이다. 불의 신이 불을 놓으러 왔다가 드므에 비친 자기 모습을 보고 도망갔다는 전설이 있다. 타인에게 두려움의 대상인 불의 신이 드므 물에 비친 자신의 얼굴을 보고 스스로 놀라 달아나는 우스운 꼴을 당한 것이다. 경복궁 근정전과 창덕궁 인정전 등 궁궐 주요 건물 입구에서 볼 수 있다.

드므의 물에 수초를 넣어 놓은 모습.

드므는 사악한 기운을 물리치는 벽사의 기능만 있는 것이 아니라 이익만을 좇아 분주하게 이리 뛰고 저리 뛰며 자신을 돌아보지 못하는 인간에게 스스로 모습을 비춰 보고 반성하라는 뜻도 담고 있다. 초식동물이 반추하듯 자신의 모습을 드므에 비춰 보며 늘 반성하면 공자가 말한 군자가 되지 않을까?

2006년 6월부터 드므의 물에 수초를 넣었다. 드므의 물은 원래 거울 역할을 해야 하는데 아마도 그 기능에 대해 잘 몰라서 그렇게 한 것 같다. 수초 때문에 드므의 맑은 물에 비친 청와대 추녀의 아름다움을 볼 수 없게 됐다.

국무회의를 취재하고 나오면서 버스를 기다리다 문화일보 김선규 선배가 '드므'에 얼굴을 비춰보는 모습을 얼른 촬영했다.

드므의 맑은 물이 거울이 돼 본채와 별채의 지붕도 비추고 있다. 아마도 맑은 물은 자신의 모습을 되돌아보고 반성하게 하는 도구가 아닐까 싶다.

그 밖 조형물

이 계단은 동서쪽 별채로 올라가는 계단이다. 용도는 공식 환영식 때 트럼펫을 부는 군악대와 청소하는 분의 이동 통로다. 이와 비슷한 계단은 창덕궁 후원에도 있다. 계단에는 태극과 연꽃과 구름 등 우리 전통 문양이 새겨졌다.

(좌) 본채 입구 양쪽에 있는 국기봉의 하단 모습이다. 기단 위에 연꽃 모양의 기초석을 두고 주물로 만든 깃봉을 세웠다. 주물로 된 하단을 자세히 보면 연꽃 위에 용이 여의주를 물고 하늘로 올라가는 모양이다. 건물 모양 하나하나 구석구석 우리 전통 멋을 살렸음을 볼 수 있다.

(우) 사자 두 마리가 떠받들고 있는 석등이다. 석등 지붕은 우진각으로 된 팔각지붕이다.

청와대로 들어가며 보기

　청와대 정문에서 본관으로 들어가는 길을 눈에 덮인 모습과 그렇지 않은 모습으로 구분해서 비교했다. 어떻게 다른 느낌을 주는지 감상해 보자.

본관 앞에서 내리면 소나무 아래 잔디밭에 기초석이 있다. 다음은 기
초석의 내용이다.

청와대의 이 터전은 고려조의 이궁으로 조선조 경복궁의 후원으
로 천년에 걸친 역사의 숨결이 깃든 곳이다.

일제가 우리의 옛 건물들을 헐고 이곳에 지은 총독의 집을 국가
원수가 건국 이후 이제껏 써
왔다.

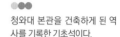
청와대 본관을 건축하게 된 역
사를 기록한 기초석이다.

노태우 대통령은 1988년
12월 17일 민족문화의 전통
을 잇고 드높아진 나라의 위
상에 어울리는 청와대를 신축
토록 했다.

관저가 1990년 10월 25일
완공되고 본관이 1991년 9월
4일 준공되니 천하에 으뜸가
는 복지 위에 겨레의 앞날을
무한히 밝혀 줄 청와대가 새
로 지어졌다.

3장

청와대 본관 속 들여다보기

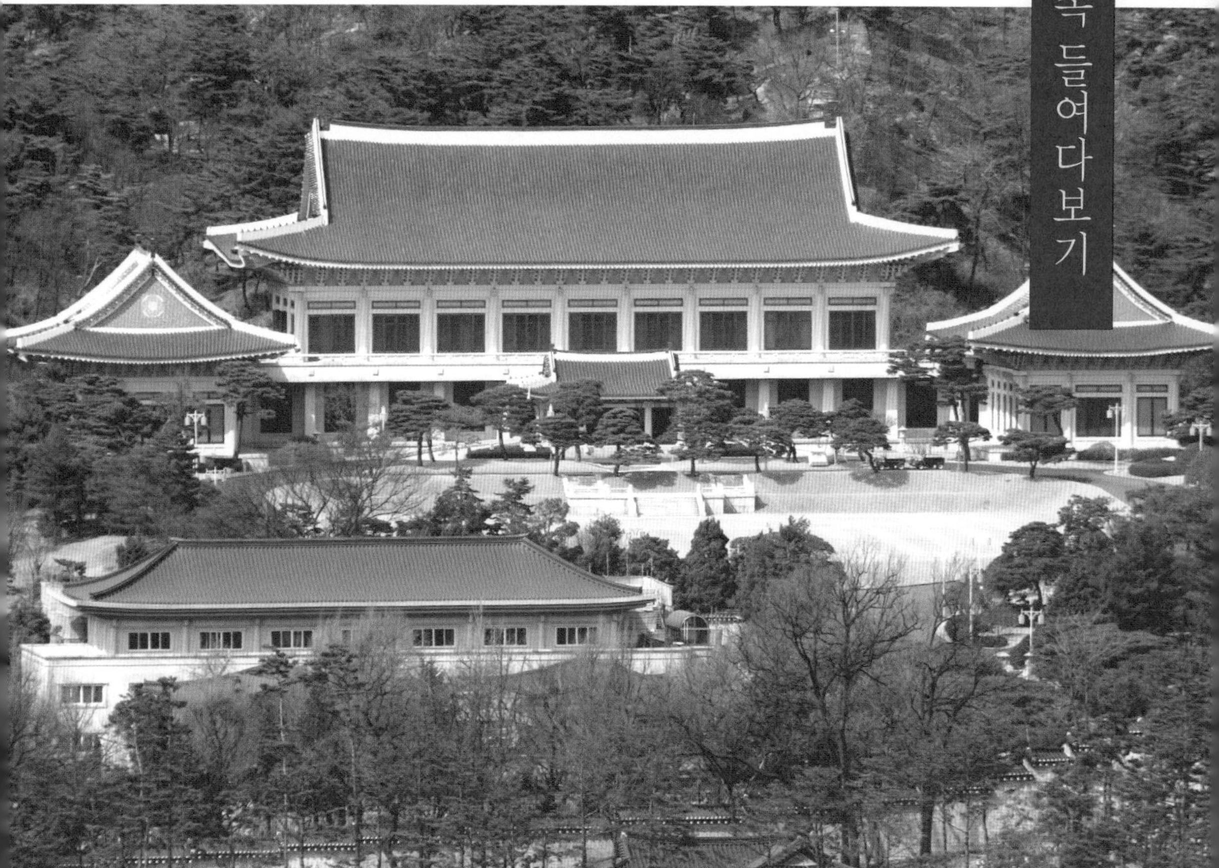

본채

1층

청와대 본관 건물 안을 관람해 보자. 국가 최고 권력자는 건물 안 공간을 어떻게 꾸미고 일을 했을까?

청와대 본관은 본채와 두 개의 별채 등 모두 세 개의 건물로 이뤄졌다. 이 세 개의 건물은 조선시대 궁궐에서 내전과 외전에 해당한다. 즉 내전의 대전은 대통령 집무실이고 중궁전은 영부인 집무실이다. 편전은 세종실과 집현실에서 그 역할을 했고, 외전은 접견실·백악실·충무실이 그 역할을 했다.

소통의 통로 복도

처음 청와대에 들어간 사람들은 탁 트인 넓은 공간에 눈이 휘둥그레진다. 본관 본채 홀의 웅장함이 중압감을 주기까지 한다. 본관 본채 홀에는 모두 8개의 기둥이 있다. 기둥을 떠받치고 있는 돌의 모양은 둥글다. 기둥은 위아래가 똑같은 민자 기둥이다. 기둥 윗부분을 자세히 보면 천장을 떠받치고 있는 새 날개 같은 것이 있다. 이것은 무거운 천장의 무게를 지탱하기 위한 것으로 공포의 한 종류인 익공翼工이라고 한다.

천장에 있는 커다란 전등, 즉 샹들리에 장식도 공포 양식을 현대적 감각으로 표현해 우리 전통을 살리려고 했다.

왼쪽 중간에 영부인 집무실로 들어가는 문이 있고 오른쪽 중간에 1층 접견실인 인왕실과 2층으로 올라가는 엘리베이터로 향하는 문이 있다. 2층으로 올라가는 계단 뒤편에는 기자 대기실이 있다. 이곳을 통해야만 본채와 별채 등 본관의 모든 곳으로 이동할 수 있고 밖으로 나갈 수도 있다.

검색대를 통과해 본관으로 들어
갔을 때 눈앞에 나타나는 모습이
다. 카메라 화각의 한계로 좌·우
측 기둥이 다 보이지 않는다. 모
두 8개의 기둥이 있다.

●●●
이것은 2층에서 계단을 내려오
며 계단 중앙에서 촬영한 모습
이다.

●●●
본관 왼쪽.
저 멀리 닫힌 문은 서쪽 별채 세종실(1층 대회의실)로 들어가는 문이다. 본관 입구 근무자가 본관 출입자의 동향을 살피고 있다. 천장에 있는 커다란 샹들리에는 앞에서도 설명했지만 지붕이나 천장의 무게를 분산해 떠받치는 건축양식인 공포 모습으로 표현했다. 또 벽에 붙어 있는 전등의 겉모습은 익공처럼 표현됐다. 서쪽 별채인 세종실로 들어가는 출입문은 전통문의 문양을 하고 있다.

●●●
이 사진은 세종실 회랑에서 동쪽 별채 충무실 쪽을 바라본 복도의 모습이다. 저 멀리 보이는 문이 본관 동쪽 별채 충무실(1층 연회장)의 출입문이다.
'방과 후 학습 토론회' 취재 때 촬영한 것이다. 오전인데 창문을 통해 들어오는 햇빛이 나무 기둥과 카펫의 붉은색과 함께 어우러져 은은하게 느껴진다. 청와대의 창문은 모두 햇빛이 많이 들어올 수 있게 매우 크게 만들어져 있다. 겨울인데 복도 화분에 꽃이 활짝 피어 있다. 조화일까. 아니다. 청와대에 진열된 꽃과 나무는 전부 생화다. 모두 녹지원과 춘추관 사이에 있는 온실에서 키운다.

세종실 회랑에서 충무실 쪽을 바라보고 촬영한 모습이다. 문살에서도 우리의 전통을 은은하게 표현하고 있다. 기둥과 등과 문살 하나하나가 우리 것으로 잘 표현돼 있다.

1층 기둥이다.
기초석 위에 거대한 기둥이 천장을 지탱하고 있다. 또 기둥 윗부분을 자세히 보면 천장을 떠받치고 있는 새 날개 같은 것이 있다. 이것은 무거운 천장 무게를 기둥과 함께 분산해서 받치게 하기 위한 공포의 종류로 익공이라고 한다. 한자를 그대로 풀면 날개 모양의 교묘한 것이란 뜻이다. 기둥의 모양은 위아래의 크기가 같은 민자형이고 보이는 것처럼 둥근 기초석 위에 둥근 나무로 기둥을 만들었다.

대통령 배우자의 집무실

이곳은 대통령 영부인이 집무를 보는 곳이었다. 좀 더 정확하게 말하면 대통령 배우자의 집무실이라고 해야 할 것이다.

영부인은 대통령이 국가 업무를 잘 볼 수 있도록 내조하는 역할 이외에도 고유의 업무가 있다. 예를 들어 여성단체, 복지단체, 장애인단체 등의 업무를 주로 맡아 처리한다. 또 대통령이 외국 정상과 회담을 할 때 외국 정상의 배우자와 회담을 한다. 세계 각국의 정상이 대부분 남성이기 때문이 정상회담을 할 때 영부인이 상대하는 사람은 대부분 여성 배우자였다. 그러나 아일랜드와 뉴질랜드 등 여성이 국가 정상인 경우 배우자인 남편과 회담을 했다.

조선시대 궁궐과 비교하면 이곳은 구중궁궐의 중궁전 또는 중전이다. 경복궁의 대조전, 창경궁의 대조전, 창경궁의 통명전 등이 중궁전이다. 예전의 중궁전은 왕비가 잠을 자던 침전寢殿이면서 내명부의 업무를 보는 시어소時御所였다. 현대에 와서는 대통령과 영부인의 사적인 공간이 관저로 분리됐지만 예전에는 구분이 없었기 때문에 꼭 일치하는 것은 아니다.

구중궁궐이란 아홉 겹으로 둘러싸인 은밀한 곳이 궁궐이라는 뜻이다. 그중에서도 가장 깊숙한 궁궐 가운데 있는 곳이 중궁전이다. 옛날 궁궐의 중궁전을 고려해서 만들었는지는 확인해 보지 않았지만, 본채 1층 중앙에서 뒤편에 있는 것으로 볼 때 중궁전과 비슷하게 배치했던 것 같다.

역대 영부인 초상화가 걸려 있다.

영부인 집무실을 입구에서 안을
보고 촬영한 모습이다.

오찬이나 만찬장으로 이용하는 인왕실

인왕실仁旺室은 10~20명 정도의 인원이 오찬을 하거나 만찬을 하는 장소였다. 여당 지도부를 초청하거나 10여 명 정도의 위원들에게 임명장을 준 뒤 오찬이나 만찬을 하는 장소로 주로 이용됐다. 조선시대 궁궐에서 왕이 신하와 외국 사신 등을 공식적으로 만나는 곳을 정전이라고 한다. 경복궁 근정전과 창덕궁 인정전 등이 정전이다. 궁궐에서는 정전이 화려하고 웅장하게 표현돼 있다. 그러나 청와대에서는 특별히 정전이 정해져 있지 않았다. 연회의 목적과 접견 인원의 규모에 따라 행사 장소를 정했다. 주로 인왕실, 접견실, 충무실, 백악실에서 진행됐다.

2층

처음엔 이 그림이 설치 시설인 줄 알았다. 이 책을 쓰기 위해 조사하다가 우리 산하를 웅장하게 표현한 그림이란 것을 알았다. 그림 속에 우리 산하는 어떤 흠결도 없이 정말 아름답게 표현돼 있다.

청와대 내부 모습을 구경해 보니 어떤가? 우리 전통 한옥 그대로의 모습이 전혀 아니다. 궁궐은 하나의 건물에 여러 개의 방을 두거나 여러 기능을 두지 않는다. 특히 청와대 본관처럼 2층에 방이 10여 개나 되는 건물은 없다. 하나의 건물은 하나의 기능을 가지고 있으며 대개 1층으로 돼 있다. 또 청와대 본관은 복도와 회랑 등의 공간이 매우 넓고 천장도 전통 한옥보다 훨씬 높다. 언뜻 보면 현대식 목조건축 양식으로 지어진 것처럼 보인다. 그러나 자세히 보면 현대적인 미로 우리 전통을 절묘

자, 이젠 2층으로 올라가 볼까? 김식 화백의 〈금수강산〉이 청와대 내방객을 맞이하고 있다. 계단은 우리 전통 양식이 아니라 서구식 저택에서 볼 수 있는 웅장한 형태다. 영화 〈바람과 함께 사라지다〉에서 레트 버틀러가 스칼렛 오하라를 안고 두 칸씩 성큼성큼 올라가던 계단이 떠오른다. 2층 계단을 올라가며 볼 수 있는 이 작품은 돈황석굴 벽화 제323호(1986년), 법륭사 금당벽화 6호벽(1987년), 평등원 봉황당 중당 내영벽 기둥 그림(1988년) 등 모사 작업의 대가 김식의 〈금수강산〉이다.

하게 잘 표현했음을 알 수 있다. 문의 문양과 기둥 위를 보면 우리 전통 건축양식이 그대로 살아 있다. 특히 무거운 무게를 분산시키는 공포와 익공은 우리나라 목조건축 양식이다. 문살과 벽에 붙은 전등의 겉모습과 천장의 전등을 둘러싸고 있는 조형물도 공포와 익공의 모양을 따서 현대적 감각으로 표현했다.

● ● ●
2층에 올라왔다. 두 개의 사진에 뭔가 다른 모습이 있다. 위쪽은 배렴의 〈산수〉가 걸려 있고 아래쪽은 오용길의 〈봄의 정신〉이다. 그사이 그림이 바뀌었다.

청와대에서 가장 많은 행사를 했던 접견실

청와대에서 사진기자들이 취재를 가장 많이 했던 곳은 2층 접견실이
다. 국내외 귀빈들이 청와대를 방문했을 때 대부분 이곳에서 대통령을
만나 대화를 나눴다. 단독 정상회담을 하기도 하고, 확대 정상회담을 마
친 뒤 의정 협정식을 하기도 했던 곳이다.

한·캄보디아 정상회담을 마친 뒤 접견실에서 의정 협정
을 하기 전 의정 협정 사인을 하는 책상을 중심으로 촬
영한 모습이다. 왼쪽은 측면에서 촬영했고 오른쪽은 정
면에서 촬영했다. 정면 사진 벽을 보면 〈십장생도〉가 보
인다.

가장 작은 공간 백악실

대통령 집무실 옆에 있는 백악실白岳室은 10명 미만의 적은 인원을 접견하는 소접견실로 대통령의 공식적인 사무실 중 가장 작은 공간이었다. 규모는 가장 작지만 이곳에서는 여야 영수회담 등 중요한 회담이 열렸다. 크기가 작다고 해서 격이 떨어지는 것은 아니다. 기능에 맞게 공간을 활용했던 것이다.

백악실 모습이다.

대통령이 가장 많은 시간을 보내던 집무실

대통령이 가장 많은 시간을 보내던 곳이다. 대통령은 이곳에서 집무를 보며 비서실 직원과 각료들을 불러 국가의 주요 현안을 논의했다. 궁궐에서는 왕이 일상적으로 기거하면서 주요 신하들과 중요한 현안을 논의하는 곳이 대전이다. 조선시대 왕들은 어전회의를 비롯한 공식 업무를 이곳에서 처리했다. 왕은 이곳에서 정치를 담당할 사람들을 살펴서 가려 쓰는 일과 보고되는 온갖 업무의 득실을 헤아려 결정하는 일 즉 인사권과 정무 결정권을 행사했다. 경복궁의 대전은 정사를 곰곰이 생각해서 일처리를 한다는 뜻으로 '사정전思政殿'이라고 했다.

대통령 집무실은 국가의 모든 정보가 집결하는 곳으로, 국가의 주요 정책이 수립되고 집행되는 장소였다.

대통령이 집무를 보던 책상이다. 뒤 벽에는 대통령을 상징하는 봉황과 대형 무궁화가 양각으로 붙어 있다.

●●●
대통령 집무실에 있었던 손장섭
의 〈천지〉다.

●●●
대통령 집무실에 있던 이 그림은 사대부의 절개를
표현한 난과 생화가 단아하다.

이곳은 또 국무총리와 각 부처 장관과 비서실 직원 등 정부 정식 직재 관리에 대한 임명장을 수여하는 곳으로 활용됐다. 그 외 각종 위원회와 외부 인사에 대한 위촉장과 외국 대사 신임장 제정 등은 1층 동쪽의 별채인 충무실에서 치러졌다. 이곳은 주로 각료 등 정부 인사에 대한 임명

측면에서 본 대통령 집무실 책상. 대통령 책상 뒤 벽에 쌍봉황과 무궁화 양각이 붙어 있다. 또 문갑 위에는 우리나라 기술로 만든 비행기와 잠수함 모형이 놓여 있었다.

대통령이 집무를 보던 책상이다. 임명장 수여식에서 자리를 점검하고 있는 모습. 뒤 벽에는 대통령을 상징하는 봉황과 대형 무궁화가 양각으로 붙어 있다. 바닥에는 원형에 〈십장생도〉가 그려져 있다.

장 수여식 때 취재를 했다.

정면에는 대통령이 집무를 보는 책상이 있고, 뒤에는 대통령을 상징하는 봉황 한 쌍과 무궁화가 양각돼 있다. 책상 뒤편 좌·우측에는 청와대에서 주관하는 행사에 항상 배치되는 태극기와 봉황 및 무궁화 문양의 깃발이 있다. 바닥 카펫에는 원형의 〈십장생도〉가 새겨져 있다. 왼쪽에는 비서진 및 각료들과 소규모 회의를 진행했던 탁자와 의자가 놓여 있다. 북쪽 벽에는 한반도 지도가 걸려 있고 남쪽 창가에는 병풍이 있다. 책상 오른쪽에는 지구본이 있고 책상 위와 주변에 여러 개의 화분이 다소곳이 놓여 있다. 정면 오른쪽의 문은 접견실과 연결된다.

사진에서 볼 수 있는 것과 같이 국가 최고 통치자가 집무를 보는 공간치고는 아주 소박했다. 장식이라고는 대통령을 상징하는 문양, 그림 두 점, 화분 대여섯 개가 전부였다. 혼자 사용하던 공간이 너무 넓다고 생각할 수도 있지만 정부 관리들에 대한 임명장 수여식을 하는 공간으로도 활용했기에 그렇게 넓은 건 아니었다.

확대 정상회담장이었던 집현실

집현실集賢室은 청와대 본관 2층 접견실 옆 서쪽에 있는 중회의실이다. 이곳에서는 10~20여 명 정도가 회의를 할 수 있었다. 외국 정상이 방문했을 때 확대 정상회담을 했다. 궁궐의 대전과 같은 곳이다. 이곳에서의 취재는 거의 확대 정상회담이었다. 정부 각료들이 참석하는 소규모 위원회와 수석보좌관 회의도 이곳에서 이뤄졌다.

●●●
왼쪽은 확대 정상회담을 준비하는 모습
이다.

●●●
아래는 한·중 확대 정상회담을
하고 있는 모습이다. 정면 왼쪽
에 있는 문은 접견실과 연결된
문이다.

그림 이야기

정조의 효행이 담긴 〈능행도〉

본관 2층 접견실에는 정조대왕이 아버지 사도세자의 묘가 있는 수원으로 행차하는 모습을 그린 〈능행도陵幸圖〉가 있다. 1960년대 이후 고증적인 역사 풍속화가로서의 위치를 다지며 사라져 간 우리 옛 모습의 아름다움을 표현한 혜촌惠村 김학수 화백의 작품이다.

사진을 보면 고증에 입각해 사실적으로 그렸다는 것을 알 수 있다. 작품 전체를 한눈에 파악할 수 있도록 부감법俯瞰法(높은 곳에서 아래를 내려다보는 것을 말한다. 새가 높이 날아 사물을 내려다보는 조감법鳥瞰韓과 같은 뜻이다. 이런 그림을 조감도 또는 부감도라고 함)을 사용해 사도세자의 묘소를 찾아가는 장면을 그렸다. 〈능행도〉에는 왕실의 위엄과 왕의 강력한 통치를 표현하기 위해 많은 참가자가 등장한다. 혜촌의 〈능행도〉역시 구불구불한 길이 수많은 사람으로 가득 차 있는 것을 볼 수 있다. 궁궐의 건축물 등 모든 것이 세밀하고 아름답게 그려졌다. 혜촌은 옛 모습의 아름다움을 표현하기 위해 조선시대의 사회사, 풍속사, 의상사와 그밖의 고건축들을 연구했다고 한다.

왕이 궁궐 밖으로 나와 백성들 속으로 들어가는 것은 드문 일이었다. 그래서 왕의 행차는 하나의 축제이며 큰 볼거리였다.

이 〈능행도〉에는 웅장한 왕의 행렬 이외에 또 하나의 즐길 거리가 있다. 바로 그림 속에 7마리의 개가 숨어 있는 것이다. 청와대 출입기자나 근무자들은 이 개를 모두 찾으면 청와대를 떠날 때가 됐다고 말하기도 했다. 필자는 2005~2007년 청와대에 출입할 때 6마리를 찾았고, 2015~2017년 두 번째 출입하던 시기에 남은 한 마리를 찾아 7마리를

〈능행도〉 전경.

●●●
기자들과 청와대 직원들이
〈능행도〉에서 누렁이를 찾고
있다.

모두 찾았다. 대부분 3~4마리
를 찾는 데 그쳤으니 무척 열심
히 찾은 셈이다.

〈정조대왕 능행도〉는 문화재
로 지정돼 국립고궁박물관에
보관돼 있다. 청와대에 있는 김
학수 화백의 〈능행도〉는 〈정조
대왕 능행도〉의 일곱 번째 병
풍을 그린 그림이다. 지금 시흥
시에 있는, 당시 행궁에 들어가
는 〈환어행렬도還御行列圖〉를
그린 것이다. 고궁박물관에 있
는 것은 세로로 긴 그림이어서
갈 지之 자의 긴 행렬 중 오른
쪽 모습이 보이지 않는다. 그러
나 김학수의 〈능행도〉는 가로
그림이기 때문에 〈환어행렬도〉
의 모습을 완벽하게 복원했다
고 할 수 있다.

김학수의 〈능행도〉와 정조시
대에 그려진 〈환어행렬도〉를 자세히 보면 왕이 행차하는데 엎드려 조아
리는 사람이 없다. 엿장수와 떡장수까지 등장하는 것으로 보아 오히려
축제 분위기가 난다. 재위 기간 동안 수차례 행해진 정조의 화성행차는
왕의 효성을 백성과 함께하는 축제의 장이었던 것 같다.

청와대 출입기자들이 행사 시간
보다 10~15분 먼저 도착해 기다
리는 모습이다.

이 누렁이는 둑길을 따라 아낙들을 쫓아가고 있다. 장 보러 가는 걸까, 아니면 왕의 행차를 보러 가는 걸까?

문을 열고 왕의 행차를 지켜보는 아낙 옆에도 누렁이가 있다. 마침 행차가 집 앞으로 지나갔던 모양이다.

여기에도 누렁이가 있다. 왕의 행렬을 바라보는 사람들의 모습이 모두 평화스럽게 보인다. 당시가 태평성대라 그런가 보다.

 버드나무 아래에서 왕의 행렬을 지켜보는 사람들과 함께 개 한 마리가 앉아 있다. 자세히 보지 않으면 찾기 어렵다.

여기에 있는 사람들과 개는 왕의 행렬에 관심이 없나 보다. 대부분 왕의 행렬과 다른 방향을 보고 있다.

왼쪽의 누렁이는 주인집 아주머니를 따라 왕의 행렬을 보러 가는 것 같다. 호기심이 많군. 오른쪽 누렁이는 사람 사이에 앉아 있어 잘 보이지 않는다. 두려움이 많은 친구군.

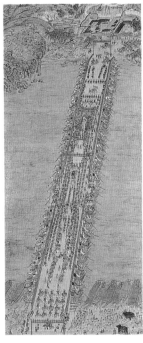

〈노량주교도섭도鷺梁舟橋渡涉圖〉　　〈환어행렬도還御行列圖〉　　〈득중정어사도得中亭御射圖〉　　〈서장대성조도西將臺城操圖〉

●●●
〈정조대왕 능행도〉는 8폭 병풍
으로 돼 있다. 국립고궁박물관
제공.

효성이 담긴 화성행차

조선 제22대 임금 정조대왕은 세종대왕과 함께 우리 나라를 부흥시
킨 임금으로 대왕의 칭호가 붙는다. 정조는 또 재위 기간 동안 사도세자
의 탄신일을 전후한 1월부터 2월 초에 모두 12차례 묘소를 찾을 정도로
효성이 지극한 아들이었다. 1795년은 어머니 혜경궁 홍씨의 환갑이어
서 이를 기념하기 위해 잔치까지 베풀었다.

정조는 화성행차 때 과거를 치러 유능한 인재를 등용하고, 백성과 직
접 만나 대화를 나누고, 군사훈련을 하고, 가난한 사람에게 곡식을 나
눠 주고, 세금을 탕감해 줬다.

화성이라는 이름은 『장자將子』「천지편天地編」에 나오는 화성축성華城

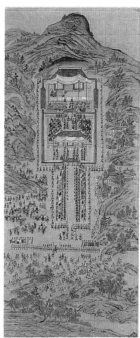

〈낙남헌양로연도洛南軒養老宴圖〉　　〈봉수당진찬도奉壽堂進饌圖〉　　〈낙남헌방방도洛南軒放榜圖〉　　〈화성성묘전배도華城聖廟展拜圖〉

祝城 고사에서 유래한 것으로 정조가 요임금처럼 덕을 펴는 도시라는 의미로 건설된 도시다. 지금 수원시 중심에 자리 잡고 있는 팔달산 일대는 풍수지리상으로 '용이 날아오르고 봉황이 춤을 춘다'는 명당자리로 알려져 있다.

　정조는 1795년에 어머님의 한을 풀어 드리고자 화성의 현륭원顯隆園에서 회갑연을 베풀었다. 이해 현륭원 행차는 이미 1년 전부터 꼼꼼히 준비됐으며 날짜를 윤2월로 정한 이유는 농사철을 피해 행차하던 관례를 따른 것이다. 이는 당시 상황을 상세히 기록해 놓은 행차 보고서 「원행을묘정리의궤園幸乙卯整理儀軌」에 남아 있다. 이 보고서에는 행차 전모에 대한 치밀한 기록과 함께 단원 김홍도의 유려한 필치로 그려진

〈반차도斑次圖〉(왕실 행사를 배경을 생략하고 참여한 사람과 도구 등을 상세하게 그린 그림)가 있다.

　순서대로 설명하면 다음과 같다.

- 〈화성성묘전배도〉: 1795년 윤2월 11일. 수원 성곽 남쪽에서 3리쯤 떨어진 문선왕묘는 북쪽의 대성전과 남쪽의 명륜당으로 이뤄져 있다. 정조가 이곳을 방문하자 대성전 외곽에 위치한 산에 호위병과 의장이 도열하고 백성이 이를 자유롭게 구경하고 있다.
- 〈낙남헌방방도〉: 1795년 윤2월 11일. 수원에 세운 화성행궁의 낙남헌에서 정조의 어명으로 과거시험을 치르고 문과 5명과 무과 56명의 합격자를 발표했다. 그들은 머리에 어사화를 꽂은 채 늘어서 있고 섬돌 아래에는 어사화와 술과 안주가 놓였다.
- 〈봉수당진찬도〉: 1795년 윤2월 13일. 화성의 봉수당에서 거행된 혜경궁 홍씨의 환갑을 기념하는 잔치다. 혜경궁의 친인척 82명이 초대돼 잔치를 벌이고 있다. 북춤과 화려한 무용인 선유락船遊樂을 중앙에 강조해 그렸다.
- 〈낙남헌양로연도〉: 1795년 윤2월 14일. 혜경궁 홍씨의 환갑잔치 다음 날 오후 3~5시에 낙남헌에서 영의정 홍악성 등 61세 이상의 노인 384명에게 베푼 양로잔치이다. 노인들의 지팡이마다 노란 수건과 꽃이 묶여 있다. 뜰 아래에서는 북을 연주하고 있다.
- 〈서장대성조도〉: 1795년 윤2월 12일. 정조가 야간에 수원의 서장대에 행차해 친위부대 5,000명에게 횃불을 밝히며 군사훈련을 실시하고 있다. 왕은 적을 맞아 싸우는 상황을 가정해서 북, 꽹과리, 깃발 등으로 지휘하며 장엄한 광경을 연출하고 있다.
- 〈득중정어사도〉: 1795년 윤2월 14일. 수원의 득중정에서 거행한 활

쏘기 대회에서 유엽전 25발 중 24발을 명중시켜 1등을 한 정조가 혜경궁 홍씨를 모시고 땅에 묻어 둔 화약을 터뜨려 불꽃놀이를 하는 장면이다. 불꽃이 사방으로 터지는 흥겨운 모습을 구경하러 몰려든 일반 백성이 생동감 있게 묘사됐다.

- 〈환어행렬도〉: 1795년 윤2월 15일. 시흥행궁에 들어가는 '乙' 자형 어가 행렬이다. 총 6,200명의 인원과 1,400여 필의 말이 동원됐다. 푸른색 휘장을 둘러치고 이동하는 혜경궁의 가교를 수십만의 백성이 흥미롭게 구경하는 모습이 잘 나타나 있다.
- 〈노량주교도섭도〉: 1795년 윤2월 16일. 노량진에 설치한 배다리로 한강을 건너는 장엄한 모습이다. 1789년 10월에 처음으로 사용된 배다리 36척이 중앙에 무지개 모양으로 연결돼 있다. 240쌍의 난간과 홍살문 3개를 세우고 흑색과 황색 깃발을 세웠다.

청와대에서는 이외에도 여러 유명 작가의 예술 작품을 감상할 수 있다. 필자가 본관에 들어서면서 처음 만난 것은 역사의식을 가지고 우리 것을 그린 손장섭의 고목 그림이었다. 천연기념물 고목 4그루 〈효자송〉 〈김제왕버들〉 〈이천백송〉 〈느티나무〉는 2006년 4월에 수장고로 들어가고 김병종의 〈생명의 노래〉 연작 4점이 그 자리를 채웠다.

청와대를 준공한 처음에는 또 다른 그림이 걸려 있었다고 한다. 서쪽에는 문文을 상징하는 〈행차도〉와 세종대왕을 상징하는 부조를 걸었다. 동쪽은 무武를 상징하는 고구려 〈수렵도〉와 이순신 장군을 상징하는 부조와 씨름도를 걸었다.

2층으로 올라가면서 보이는 커다란 벽에 자리한 아름다운 〈금수강산〉이 우리를 맞이하고, 천장에서는 우주의 운행을 표현한 〈천문도〉가 청와대에 들어오는 사람을 굽어본다. 2층 복도와 접견실, 충무실 등 각

사무실에서는 한국화를 완성한 대표적인 한국화가의 작품을 만날 수 있다.

청와대에 걸린 그림들은 미술관에 전시될 때처럼 조명을 받고 있다. 명화 아래에는 대부분 전통 가구와 도자기가 함께 배치돼 우리 것의 정취를 은은하게 표현한다. 특히 청와대 구석구석은 왕실을 상징하는 장식품과 옛 사대부가 썼던 공예품으로 꾸며져 있다. 이같이 청와대 내 예술 작품은 모두 우리 것이다. 우리 문화의 우수성을 청와대를 방문한 외교사절에게 널리 알리려는 노력의 하나였다.

기상 관측의 〈천문도〉

〈천문도天文圖〉를 촬영하고 1층으로 내려갔더니 경호관이 가까이 다가와 작은 목소리로 "그렇게 촬영하면 안 됩니다"라고 주의를 주면서 2층에서 내려오는 다른 사람들을 관찰하던 것이 기억난다.

우리 역대 왕조는 권위의 표상으로 〈천문도〉를 귀중하게 여겼다. 과거의 권력자들은 하늘 별자리의 운행을 잘 살피는 것이 권력 유지를 위한 중요한 임무였다. 농경 국가에서 별자리 운행과 기상 관측은 국가의 중요한 통치술에 속했다. 또 〈천문도〉는 길흉화복을 점치는 점성술에서 필수 불가결했다.

우리나라 〈천문도〉는 고구려 옛 무덤의 천장 등에 그려진 아주 간단한 별 그림을 빼면 두 가지로 나뉜다. 하나는 조선 초 돌에 전통적으로 새긴 국보 제228호 〈천상열차분야지도天象列次分野之圖〉이고, 다른 하나는 17세기 이후 서양식 천문상을 나타낸 보물 제848호 〈신법천문도병풍新法天文圖屛風〉이다.

청와대 천장에 있는 〈천문도〉는 전통적인 천문도인 〈천상열차분야지도〉의 형태를 본떠 만들었다. 〈천문도〉 좌우의 전등 외형은 지붕을 떠받

본관 2층 천장 중앙에 있는 〈천문도〉이다. 2층에서 1층으로 내려가는 계단 중간에 서서 16~35렌즈로 촬영했다.

치는 힘을 분산시키기 위해 설치하는 공포 모양이다.

〈천상열차분야지도〉란 하늘의 모양을 차次라는 단위로 구분해 놓은 지도란 뜻이다. 여기서 차란 북극성을 중심으로 하늘의 적도 부근을 세로로 12개 나눈 것에서 유래한 단위다. 즉 하늘의 모양을 12개로 구분해 놓은 지도다.

태조 이성계가 즉위하고 얼마 되지 않았을 때 어떤 이가 매우 희귀한 고구려 천문도를 바쳤다. 태조는 이를 진귀하게 여겨 중각하려고 했지만 연대가 오래돼 별자리에 오차가 생겼다. 이에 천문과 기상을 관장하던 서운관書雲觀에서 오차를 교정해 새로운 별자리를 만들기로 하고 역법에 관한 책 『중성기中星紀』를 작성했다. 그리고 그에 따라 별자리를 검정색 바위인 흑요암黑曜岩에 새겼다. 권근 등 11명의 천문학자가 참여해 다년간 노력한 끝에 태조 4년인 1395년에 〈천상열차분야지도〉를 완성한 것이다. 그 크기는 가로 122.5센티미터, 세로 211센티미터, 두께 12센티미터이다.

천문도 각석은 별자리의 운행을 그린 성도星圖와 관측기사로 이루어졌다.

성도는 원형의 중심에 북극성이 있고, 그 북극성을 중심으로 관측지의 출지도出地度에 따라 작은 원과 더 큰 적도 및 황도권黃道圈(태양이 이동하는 길)이 그려져 있다. 원 주위에는 28개 별자리 명칭과 적도의 별자리 움직임이 기록돼 있다. 각 별자리 중 가장 큰 별과 북극성을 연결하는 선에 의해 각 별자리의 운행을 눈으로도 쉽게 읽어 갈 수 있게 그려졌다.

관측기사는 28개 별자리의 거극분도去極分度, 24절기의 혼효昏曉에 자오선을 지나는 별에 대한 천상기사天象記事, 12국局 분야 및 성수분도星宿分度 일수기사日宿記事, 논천설論天說, 천문도 작성 경과, 작성자들의 관직과 성명 등이 자세히 기록돼 있다.

정부는 과학 문화재를 적극 보호하기 위해 1985년 8월 혼천시계, 보루각, 자격루와 함께 이 천문도 각석을 국보로 지정했다. 과학 문화재로서는 처음이었다. 그러나 마멸이 심해 자세한 모습을 볼 수 없었다. 이에 신라역사과학관이 지도가 만들어진 지 600년이 지난 1985년에 복원해 관람자들이 보기 쉽도록 바로 세웠다. 이 각석의 탁본에 의한 목판본이 영조대에 나왔는데, 이를 〈천상열차분야지도〉 목판본이라고 한다. 관상감에서 처음 인쇄한 것은 120장으로 알려졌지만 현존하는 것은 7~8장이라고 한다.

〈신법천문도병풍〉은 보물 제848호로 8폭의 병풍에 그려진 천문도다.

속리산 법주사에 소장돼 있으며 1985년 8월에 보물로 지정됐다.

〈신법천문도병풍〉은 조선 영조 18년인 1742년에 관상감에서 황도 남북의 별자리를 그린 것이다. 높이 183센티미터, 너비 451센티미터이다. 이 그림은 중국에 와 있던 독일인 선교사 쾨글러Igatius Koegler(중국명은 戴進賢)가 경종 3년인 1723년에 작성한 300좌와 3,083성의 큰 별자리표를 김태서와 안국빈이 직접 배워서 그려 온 별자리 그림을 가지고 만든 것이다.

〈신법천문도병풍〉 제1폭에는 신법천문도병풍설의 표제로 그 당시 천문학적 지식을 510자로 설명하고 왼쪽에 태양과 달과 당시의 망원경으로 관측한 토성, 목성, 화성, 금성, 수성의 순으로 5개의 행성을 크기와 색깔을 달리해서 그렸다.

제2, 3, 4폭에는 직경 165센티미터의 큰 원이 3중으로 그려져 있고 360등의 눈금 띠가 매겨져 있다. 이 큰 원의 중심에 황극黃極이 있기 때문에 큰 원은 곧 황도다.

제5, 6, 7폭은 위의 세 폭과 같은 양식으로 황도의 남극을 중심으로 남쪽 하늘의 별들을 수록하고 있다.

제8폭에는 제작에 관여한 관원들의 이름이 수록돼 있다.

〈신법천문도병풍〉이 언제 어떤 경위로 법주사에 보존되었는지는 알려지지 않았다.

그러나 법주사의 〈신법천문도병풍〉은 현재까지 알려진 쾨글러의 천문도 중에서 가장 크고 훌륭한 사본으로 평가된다.

이 외에 국립민속박물관에 있는 보물 1318호인 〈신구법천문도병풍〉이 있는데, 이는 〈천상열차분야지도〉와 〈신법천문도병풍〉을 함께 구성한 것이다.

예로부터 우주 만물의 운행을 관찰하고 관리하는 것이 왕의 임무였던 것처럼 청와대 천장에 별자리의 모습을 만든 것은 대통령의 임무를 상징하기도 한다. 대통령은 경제를 보살피기도 해야 하지만 국가의 미래를 위해 문학과 과학 등 기초학문과 교육에도 많은 관심을 가져야 한다. 즉 어느 하나에만 힘을 쏟는 것이 아니라 국가 전반이 잘 돌아가도록 보살펴야 한다. 한쪽으로 치우치다 보면 탈이 난다. 옛말에 지나치면 모자란 것만 못하다는 말이 있듯 중용을 실천하는 것이 중요하다.

손장섭

본관에 들어가 처음으로 접했던 예술 작품은 천연기념물인 〈효자송〉 〈김제왕버들〉 〈이천백송〉 〈느티나무〉 등 수백 년 동안 이 땅을 지켜 온 고목이었다.

청와대 본관의 탁 트인 넓은 공간을 보았을 것이다. 아버지 품같이 넓은 공간에 들어서면 소박한 책상과 의자와 평상이 양쪽 벽에 진열돼 있고 그 위에 4그루의 고목이 있었다. 그림 속의 4그루 고목은 바로 전설과 역사를 담고 있는 천연기념물이었다.

이 그림은 전남 완도 태생 손장섭 화백의 작품이다. 그런데 대부분 사람은 그림 속의 나무가 각기 다르고 모두 천연기념물이라는 것을 잘 몰랐다.

손장섭 화백은 어두웠던 우리 현대사를 다루며 한국의 자연 풍광과 삶을 정겹게 표현한 작가로 이름나 있다. 1968년 11회 국전을 시작으로 모두 4차례 입선한 저명한 화가다. 그는 1970년대 후반부터 그림을 통해 가난한 삶, 소외 지대, 우리 현대사의 비통 등을 냉철한 역사의식으로 드러냈다. 1980년에는 〈역사의 창〉이란 연작으로 남북의 정치체제 대립으로 인한 민족의 고통과 희생 등을 표현했다.

손장섭은 1980년대까지만 해도 삶의 현장에서 꿈틀거리는 인간을 그렸다. 그런데 언제부터인가 그의 그림에서 인간이 사라지고 거대한 나무가 나타나기 시작했다. 1990년대 들어 그는 전국을 돌아다니며 성스럽고 오래된 나무들을 그렸다. 1980년대까지 역사적 의미를 가진 사람을 그렸듯이 나무도 특별한 족보를 가진 나무를 그렸다. 몇백 년에서 많게는 천 년을 살아 주로 마을을 수호하는 당목堂木이거나 마을의 공동체 의식을 다져 왔던 성황수城隍樹다.

이 땅의 진정한 토박이로 나무를 통해 역사와 민중의 모습을 보고자 했던 것이다. 손장섭의 나무는 한 많은 우리 삶의 모습이고, 우리다운 삶의 비전이다. 그가 그린 거대한 나무는 우리의 슬픔과 험난했던 역사의 뒤안길을 말없이 지켜보던 증인이고 목격자다. 우리의 역사와 민중의 소망이 깃든 나무에서 우리 모습을 찾아보자.

본관 1층 회랑의 동쪽 벽에 있던 〈효자송〉은 전남 장흥군 관산읍 옥당리 160-1에 있는 수령 150여 년의 소나무를 그린 것이다. 천연기념물 356호로 지정돼 있다. 나무의 크기는 높이가 12미터, 가슴 높이의 둘레가 4.5미터, 가지의 길이는 동서쪽이 23.1미터, 남북쪽이 23.2미터나 된다.

이 나무는 위魏씨 집성촌 마을 앞 농로 옆에서 자라는 외딴 나무다. 가지는 지상 1~2미터에서 3개로 갈라져 있다. 가지 밑둘레는 각각 2.7미터, 2.5미터, 2.2미터이며 뛰어난 곡선미가 예술적인 멋을 더하고 있다. 수령의 추정은 위윤조가 1836년생이므로 이를 기초로 계산한 것이다.

전설에 따르면 150여 년 전 이곳 당동 마을에 효성이 지극한 세 청년 위윤조, 백기충, 정창주가 살았다고 한다. 세 청년은 어느 무더운 여름에 자신들의 어머니가 노약한 몸으로 밭일을 하는 모습을 보고는 그늘을 만들어 쉴 수 있게 하자고 결의하고 각각 소나무, 감나무, 소태나무를 심었다고 한다. 지금은 소나무만 남아 자라고 있다.

　〈효자송〉보다 안쪽에 있던 〈김제왕버들〉 아래에는 평상이 있었다. 조선시대 왕의 평상은 나전으로 화려하게 문양을 넣었는데, 이 평상은 나무에 옻칠만 해 소박했다. 평상 옆에 있는 등도 백자로 만들었다. 청와대 안에는 곳곳에 우리 전통 가구와 장식이 있다.

　김제왕버들은 전북 김제시 봉남면 종덕리 299-1 외 7 지에 있는 왕버들로 수령은 300여 년 됐다. 나무의 크기는 높이가 12미터, 가슴 높이의 둘레가 8.8미터, 뿌리 근처 둘레가 6.5미터, 가지 밑의 높이가 1.8미터, 가지의 길이는 동서 20.1미터, 남북 19.4미터다.

　농경지 사이를 흐르는 하천변 뚝에서 자라고 있으며 지상 1.8미터 정도의 높이에서 크게 두 개로 갈라지고 다시 두 개와 네 개로 갈라져서 퍼졌다. 밑에서 두 개로 갈라진 분기점은 중심부가 썩어 들어갔다.

●●●
〈김제왕버들〉.

이 나무는 마을 사람들의 휴식처로 사용되고 있으며, 마을에서 수호
신으로 보호하고 있다. 나무의 잔가지라도 잘라서 집으로 들여오면 동
티가 난다고 해 일체 손대기를 꺼린다고 한다. 음력 3월 3일에는 모여서
고사를 지내며 마을에서 재앙을 몰아내 달라고 기원한다.

본관 1층 회랑 서쪽 벽에 있었던 〈이천백송〉 아래에도 옻칠한 평상이
장식으로 놓여 있다. 조선시대 왕실의 평상은 자개 등 화려한 무늬로 장
식돼 있으나 여기의 평상은 특별한 문양 없이 사대부가에서 쓰던 소박
한 모습이다.

이천백송은 경기도 이천시 백사면 신대리 산 32외 7 지에 있는 소나
무과의 상록교목이다. 나무의 크기는 높이가 16.5미터, 가슴 높이의 둘
레는 각각 1.92미터, 1.98미터다. 나무껍질이 밋밋하고 큰 비늘처럼 벗

겨진 회백색이어서 백송白松 또는 백골송白骨松이라고도 한다. 중국에서 들여온 나무로 수관이 둥글게 발달하고 잎은 3개씩 속생하며 꽃은 5월에 핀다. 갈색이 도는 솔방울은 6센티미터 정도 길이의 알 모양이며 50~60개의 실편으로 구성되었고 옆으로 주름이 졌다. 종자는 난형으로 길이 9~10밀리미터, 너비 8밀리미터 내외다. 흑갈색이지만 뒷면은 대개 연한 갈색 바탕에 반점이 있다. 떨어지기 쉬운 날개가 있고 10월에 익는다.

조선시대 때 전라도 감사를 지낸 민정식이 조부인 민달용의 묘소에 심은 것이 자랐다고 전해진다. 이 나무는 마을에서 약 1킬로미터 떨어진 야산에 있다.

백송은 흔히 볼 수 없는 희귀한 소나무로 중국과의 교류 관계를 알려

주는 역사적 자료로서 가치가 높아 천연기념물 253호로 지정됐다.

본관 1층 회랑 서쪽 벽에 있던 〈느티나무〉 아래에는 옻칠을 한 의자 2개와 화분이 놓여 있다. 이 느티나무는 전남 담양군 대전면 대치리 787-1에 있다. 나이는 약 600살 정도로 추정되며 높이가 34미터, 가슴 높이의 둘레가 8.78미터, 뿌리 근처의 둘레가 12.5미터, 가지의 길이는 동서 29.2미터, 남북 25.4미터다.

이 나무는 한재골이라는 마을에 있는데 조선 태조 이성계가 전국을 돌면서 명산을 찾아 공을 올리던 중 이곳에서 제사를 지낸 기념으로 직접 심은 것이라는 이야기가 전해진다. 역사적 자료로 가치가 큰 나무이며 생물학적 보존 가치도 높아 천연기념물 284호로 지정돼 보호하고 있다.

김병종

여기에 있는 네 편의 그림은 단아旦兒 김병종의 〈생명의 노래〉 연작이다. 김병종은 재료와 형식에서 새로운 한국화를 개척한 휴머니스트다. 그는 〈생명의 노래〉 연작에서 그림의 재료를 화선지에서 닥종이로 바꾸었다. 형식적인 측면에서도 서양의 추상 표현주의를 방불케 하는 묵선과 색채의 음악적 율동 등을 통해 기존 동양화에서 느낄 수 없는 자유로움을 담았다는 평을 받는다.

1990년대 탄생한 〈생명의 노래〉 연작은 김병종의 작품 세계에서 제2기에 해당하는 그림이다. 제1기 〈바보 예수〉 연작의 기독교 사상과는 다르게 동양 사상에 기반을 두었다. 그는 어린아이, 새, 물고기, 꽃, 소나무 등에서 생명의 이상향을 찾았다. 이는 고구려 벽화의 원시적 형상성과 민화의 자유로운 구도 등을 떠올리게 한다. 그의 그림에 나타나는 소나무, 부엉이, 나비, 새, 학, 말, 꽃, 닭 등은 인간 세상에서 같이 호흡하

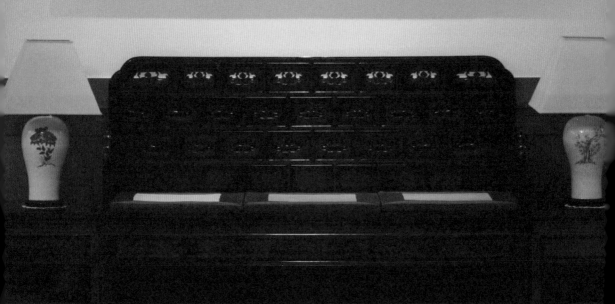

는 생명체이자 자연의 구성체이다.

그는 〈생명의 노래〉 연작 화집에서 1989년 늦가을에 뜻밖의 사고로 죽음의 문턱까지 간 뒤 춥고 지루한 겨울 끝의 병상에서 1990년의 봄을 맞으며 노랗고 작은 꽃 한 송이에 경의를 느꼈다고 한다. 그렇게 새로 맞이한 봄에 세상은 하나님이 창조한 미술관이란 것을 깨달았다고 했다. 그 설렘 때문에 온전치 못한 몸 상태로 들로 산으로 한없이 돌아다녔다. 그가 생명의 기운이 충만한 자연을 보고 필묵으로 표현한 것이 〈생명의 노래〉 연작이다.

청와대에 있는 그림들은 자리바꿈이 잦았다. 김병종의 〈생명의 노래〉 연작 4점이 있던 자리에는 이전까지만 해도 손장섭의 고목 그림 4점이 있었다. 바뀐 작품도 우리 산하를 소재로 한 그림이 많다.

연작 중 첫 번째는 〈생명의 노래-송화분분松花粉粉〉이다. 송화분분이란 소나무 꽃가루를 말한다. 소나무는 봄이 되면 가루받이를 위해 바람에 가루를 날려 보낸다. 생명을 잉태하기 위한 것이다. 봄은 만물이 소생하는 생장의 계절이다. 그림 속에서 소나무 꽃가루만 날아다니는 것이 아니다. 새들의 모습도 생기발랄하다. 아이는 커다란 백조를 타고 있으며 물고기가 뛰놀고 소나무 외에도 많은 꽃이 피었다. 만물이 소생하고 있음을 알 수 있다.

〈생명의 노래-송화분분〉

　　두 번째 그림은 〈생명의 노래-하동河童〉이다. 글자를 그대로 풀면 강가에서 물질하며 신나게 놀고 있는 아이라는 뜻이다. 그림 속의 아이는 물고기 등에 엎드려 있기도 하고 앉아 있기도 한다. 심지어 물구나무서서 신나게 놀고 있기도 하다. 물고기와 함께 물놀이하는 아이들 때문에 수면은 파장을 일으키며 넘실넘실 춤을 춘다. 생명이란 꿈틀거리고 변하는 것이다. 대부분의 그림이 단순화돼 있음에도 꿈틀꿈틀 살아 있다.

　세 번째는 〈생명의 노래-춘삼월春三月〉이다. 음력으로 춘삼월은 양력
4~5월이다. 〈생명의 노래-송화분분〉의 그림과 많이 흡사하다. 꽃이 화
사하게 핀 봄날 닭이 싸움을 하고 아이들은 백조와 물고기를 타고 논다.
새들은 나무에서 노래를 부르고 물고기는 물속에서 이리저리 헤엄쳐 다
닌다. 만물이 소생해 피어나고 있음을 볼 수 있다.

〈생명의 노래-화안〉.

마지막은 〈생명의 노래-화안花眼〉이다. 글자를 그대로 풀면 꽃눈이란
뜻이다. 김병종은 꽃눈을 생명의 근원이고 아름다움의 시작으로 봤다.
커다란 꽃 한 송이를 가운데 둔 채 물고기가 노닐고 염소가 풀을 뜯고
정자에는 사람들이 앉아 있다. 꽃 한 송이에서 생명의 근원을 찾으면서
일상의 사소한 것을 버리지 않고 함께 표현하고 있다.

오용길

　본관 2층 접견실 외벽에는 오용길의 작품 〈산수〉 〈화조〉 〈봄의 정신〉
이 걸려 있었고, 그 아래에는 옛 선인들의 안방에서 볼 수 있는 반닫이
가 놓여 있다.

　오용길은 1946년 경기도 안양에서 출생해 서울예고와 서울대학교 미
술대학을 졸업했으며 이화여자대학교 동양화과 교수를 지냈다. 1967년
과 1968년 신인 예술상 장려상을 수상했고 두 번의 국전에서 특선을
수상했으며 7회에 걸쳐 입선했다.

　오용길은 겸재가 이룩한 진경산수의 정신을 현대적 감각에 맞게 재창
조한 실경산수를 그렸다. 동양화라는 표현을 버리고 한국화라는 말을
사용할 수 있게 했다는 평을 받는다. 많은 미술 평론가들은 오용길을 통
해 한국화의 르네상스를 열었다고 한다. 이는 그가 우리의 일상적 생활
과 우리 주위에서 볼 수 있는 산과 들과 돌 등을 전통적인 필묵법으로
그리면서도 서양화와 비교해도 사실성이 조금도 떨어지지 않는 실경산
수를 그렸기 때문이다.

　그의 화폭에는 거대한 산이나 오묘한 심산유곡은 없고 차창 밖으로
볼 수 있는 우리의 시골길과 농촌 풍경과 야산이 그대로 살아 있다. 이
같이 우리 주변의 모습을 카메라로 찍은 것처럼 왜곡되지 않게 사실적
으로 그렸다. 그가 그린 그림이 우리 눈에 익숙한 만큼 그림의 배경이 된
곳을 밝히지 않았다. 그의 작품을 통해 우리 주변 모습을 보자.

●●●
2층 접견실 앞에 있는 오용길 화백의 〈산수〉다. 그 아래에는 책, 두루마리, 의복, 옷감, 제사 도구 등을 넣어 두는 길고 번듯한 궤짝인 반닫이에 청자 접시가 놓여 있다. 고속버스나 시외버스를 타고 여행을 가다 볼 수 있는 우리 시골의 모습이다. 중국 그림에서 볼 수 있는 도인이나 산신령이 사는 심산유곡의 도원도가 아니다. 앞에 있는 소나무는 차창 밖으로 손을 내밀면 잡힐 듯하고 뒤에 있는 산들도 기암괴석이 아니라 우리 주변에서 볼 수 있는 올망졸망한 산이다.

대통령 집무실과 가까운 곳에 〈화조〉가 있었다. 반닫이 옆 조그만 탁자 위에는 전화기가 있다. 전시용인지 실재 사용하는 것인지는 알 수 없다.

소형 소화기는 소방법에 맞게 배치한 것이다.

이 그림을 보았을 때 처음에는 수채화인 줄 알았다. 오용길은 지필묵으로도 서양화에 전혀 떨어지지 않게 사실적으로 그릴 수 있다는 것을 보여 주고 있다. 그림 속의 새가 가까이 다가가면 곧 날아갈 것같이 경계하는 모습이 생생하게 그려졌다.

배렴

온화하고 유연한 필치로 산수화와 화조화를 그려 전통적 화풍을 실현한 배렴을 만나 보자.

배렴은 1911년 경상북도 금릉에서 태어났다. 어려서 한학을 배우고 금릉청년학관 중등과를 수료한 다음 서울로 올라와 청전青田 이상범의 화숙에서 전통 화법을 공부했다.

1940년대까지는 주로 스승 이상범의 화풍을 본받은 수묵담채로 풍경을 그렸다. 중년 이후에는 유연한 필체로 산수와 화조화를 그려 전통적 화풍을 실현하는 데 노력했다.

1940년 29세의 나이로 서울에서 첫 개인전을 열었으며 1942~1943년

●●●
2층 복도 대통령 집무실과 소접
견실인 백악실 사이에 있던 배렴
화백의 〈산수〉다.
크고 작은 산봉우리를 타원의 구
도로 담아 냈다. 또한 서양화에
서 나타나는 대기 원근법에 의한
효과, 즉 보여지는 화면에서 끝
나는 것이 아니라 더 지속될 듯
오른쪽으로 아련하게 사라지는
산세의 표현을 통한 공간감의 연
출이 돋보이는 작품이란 평을 받
고 있다.

까지 청전 화숙 동문전에 참가했다. 광복 직후에는 이응로, 장우성, 이
유태, 조중현 등과 단구미술원檀丘美術院을 조직했고 1946년 3월 첫 회
원 작품전을 개최했다.

배렴은 일본 근대 화단의 향토적 자연주의적 풍경화에 자극받아 지필
묵으로 주변의 산수와 화조 등을 사실적으로 표현하는 실경산수를 개
척했다는 평을 받는다. 즉 우리 주변의 모습을 실경산수 기법으로 사진
처럼 그려 동양화에서 벗어나 한국화라고 독립적인 화풍으로 불릴 수
있는 길을 열었다.

●●●

이 작품도 배렴의 〈산수〉다.

배렴은 이상범에게 사사했다. 해방 이전 치밀한 필치를 바탕으로 실경을 묘사한 이상범의 금강산 그림에서처럼 매우 정밀하고 섬세한 필치의 화풍을 보이고 있다. 이 작품에서는 전통적인 삼원법이 잘 드러나고 있는데 전경에는 물웅덩이와 바위가, 중경에는 다양한 종류의 나무가, 원경은 산봉우리들이 구름 속에서 X자 모양을 이루며 모습을 드러내고 있다.

장우성

　장우성은 전통적인 문인화의 격조를 현대적으로 변용시켜 새로운 한국화의 경지를 개척했다.

　그는 1912년 경기도 여주군 흥천면 외사리에서 태어나 18세 때 이당以堂 김은호의 문하로 한국화에 입문한 이후 평생 한국화에 헌신한 근대 한국화의 산증인이다.

　그는 고고하고 격조 높은 문인 정신과 회화적인 감각과 기술을 이상적으로 조화시켰다. 대상을 간략화하고 여백의 공간을 살린 그의 화면에는 정靜과 동動의 세계가 함축된 놀라운 직관의 세계가 자리한다. 또

장우성의 〈난죽도〉이다.

한 문인화의 정신세계를 다루되 현실 사회에서 다양한 소재를 채택해 자칫 빠지기 쉬운 관념의 함몰로부터 의연했다. 결국 그는 한국적 전통의 현대적 변용이라는 우리 한국화의 제1과제를 자신의 화폭 안에서 개척해왔다고 할 수 있다.

1932년 선전鮮展에서 입선해 화가로 데뷔한 이래 4회 연속 특선 추천 작가로 선정됐다. 이후 서울대 미대 교수직을 거쳐 워싱턴에 동양예술학원을 개설해 후학을 지도하는 등 예술가로서의 작업과 미술 교육자로서의 길을 함께 걸어왔다.

청와대에는 사대부의 절개를 표현한 사군자와 우리 산수를 그린 작품이 대부분이다.

전통적인 문인화의 소재인 사군자 중 난과 대나무로 이루어진 이 대련은 빠른 필선과 농담의 변화로 힘과 속도를 느끼게 한다.

서세옥

전통 회화에서 비구상적 경향을 주도한 서세옥 화백의 작품도 만날 수 있었다.

서세옥은 1929년 대구에서 출생해 1950년 서울대 미술대를 졸업했다. 재학 중인 1949년 국전에서 국무총리상을 수상했으며 1960년 물림회전 창립에 참가한 이후 실질적인 리더로서 동양화의 혁신 운동에 앞장섰다.

서세옥은 해방 후 제1세대로 변환기의 색채에 깊게 연루된 작가라는 평을 받고 있다. 미술사에서도 해방 공간이란 일본적 문인화와 미술의 굴레에서 벗어나 우리 독자의 미의식을 회복하는 공간이다. 광복 이후 일본 색을 벗으려는 몸부림이 미술계를 무겁게 짓누르고 있었다. 미술계의 지상 과제는 탈일본풍이었다. 특히 동양화에서 더욱 절실하게 느껴졌다고 볼 수 있다.

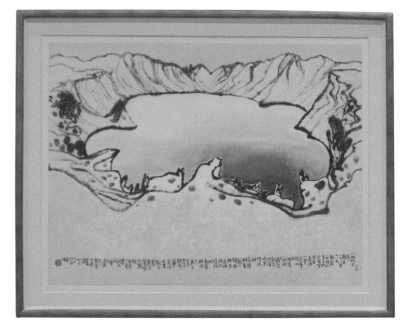

당시 제1세대 화가들은 사실적인 표현에서는 일본화를 따르면서, 일본화가 수묵화에서 선묘를 단순화한 것에 반해 선묘가 생동감을 띠게 농담과 입체를 함축적으로 표현했다.

하태진

하태진은 섬세한 실경 산수화로 자연귀의 정신을 담아내는 작가다. 우리 산하의 향수와 서정과 감정이 농축돼 시정 넘치는 모습을 볼 수 있다.

청와대에 걸린 그림들은 한국화든 서양화든 거의 대부분 우리 것을 소재로 하고 있고 우리 주변에서 쉽게 볼 수 있는 모습으로 꾸며졌다. 작고한 판소리의 대가 박동진 옹이 TV 광고에 나와 "우리 것은 좋은 것이여"라고 했던 구수한 사투리가 생각이 난다.

●●●
충무실 동쪽 벽에는 하태진의
〈산수〉가 걸려 있었다.

●●●
작가 미상의 〈책가도〉. 청와대가
소장하고 있는 그림 중에 작가
미상의 한국화도 여러 점 있다고
한다.

전혁림

    인왕실 서쪽 벽에 걸려 있던 〈통영항〉은 가로 7미터, 높이 2.8미터로 1,000호에 해당하는 대작이었다. 유화인 이 작품은 항구도시 통영항의 전경과 함께 한산섬과 미륵섬 등을 어미 닭처럼 품고 있는 남해안 다도해 풍경이 추상화 기법으로 표현됐다. 이 그림이 청와대에 걸리게 된 사연은 당시 대통령이 해외 순방 때 미국 조지 W. 부시 대통령 등 외국 정상들이 외교 현안 논의에 앞서 소장한 그림 자랑부터 하는 것에 자극받아 직접 사들이도록 지시했다고 한다. 그림 구입에 앞서 2005년 11월 경기도 용인의 이영미술관에서 열린 전혁림 화백의 전시회 〈90, 아직은 젊다〉를 찾아가는 등 특별한 공을 들였다.

    당시 대통령은 2005년 11월 12일 전 화백의 전시회 소식을 전하는 TV 보도에서 이 작품을 처음 보았다고 한다. 경남 김해에서 멀지 않은 남해안 풍경이 마음을 사로잡았다. 그 주말 참모들과 함께 버스를 타고 전시회장을 찾았다. 대통령 행차를 예상하지 못한 미술관 정문 경비원은 차량 진입을 막았고, 대통령은 정문 앞에서 내려 전시장까지 걸어 들어가 연로한 전 화백의 손목을 꼭 잡고 그림을 관람했다고 한다.

    "화가 피카소야말로 정력의 작가로 알려졌지만 올해 나이 망백望百 (100세를 바라본다는 뜻인 91세)인 전 화백님의 에너지는 도저히 못 당합니다. 또 피카소의 작품만 위대한 것이 아니라 우리 땅의 아름다운 풍경을 묘사한 전 화백님의 작품도 그에 못지 않습니다. 전시회 이름 '90, 아직은 젊다'대로 부디 작품 활동을 많이 하시고 장수하십시오."

    대통령은 이렇게 덕담을 하면서 작품 구입을 의뢰했다고 한다.

    본래 전시회 작품을 그대로 사들이는 것을 검토했으나 인왕실의 벽면 크기에 맞는 새 작품 제작을 의뢰했다. 그렇게 해서 〈통영항〉은 2006년 3월 25일 청와대에 걸렸다. 작품을 감정한 국립현대미술관 가격심의위

●●●●
이 그림은 전혁림 화백의 〈통영
항〉이다.

원회는 당초 작품값을 2억 3,000만 원으로 산정했으나 전혁림 화백이
"국가기관이, 그것도 청와대가 구입하겠다면 1억 5,000만 원을 받아도
만족한다"며 낮췄다고 한다.

한국 화단의 대표적인 화가였던 전혁림 화백의 그림 세계는 크게 고
향 통영과 전통 민화에 뿌리를 두고 있다.

청와대 안 소박한 가구

청와대 가구

●●●
2층으로 올라가면 제일 먼저 눈에 들어오는 것이 바로 이 주칠 나전장이다.
청와대에 비치된 가구 중 가장 왕실 가구에 가깝다. 붉은색 칠을 하고 자개로 화려하게 장식했다. 예전에 붉은색 장은 왕실에서만 사용했다. 공예품의 배치가 가끔 바뀌는데 예전에 주칠 나전장은 2층으로 올라가는 계단 아래 기자 대기실 출입문 양옆에 배치돼 있었다. 침침한 곳에 있던 것을 밝은 곳으로 내놓으니까 눈에 확 들어온다.

2층 접견실에 있는 2층 장롱이다.
고궁박물관이 소장하고 있는 왕실 가구를 보면 주로 왕권을 상징하는
붉은 색의 주칠에 나전을 붙이는 등 매우 화려하다. 이에 비해 청와대에
있는 공예품들은 대부분 소박하고 단아한 모습이다. 이 장롱이 주칠 나
전장을 제외하면 그중 화려한 공예품이다.

2층 접견실 입구에서 대통령 집무실 쪽을 보며 촬영한 모습이다.
기둥 사이사이 공간에 가구를 배치하고 가구 위에 자기를 올려놓았다. 벽에
걸려 있는 등은 지붕의 무게를 분산시키는 공포 모양으로 만들었다. 물건 하
나하나 모두가 우리 것을 은은하면서도 우아하게 표현하고 있다.

2층 접견실에 있는 문갑文匣이다. 문갑에 새겨진 그림들은 사슴과
학 등 십장생인데 옛날 왕실의 나전 문양이 아니라 옻칠에 노란색을
넣은 정도로 소박하다. 청와대에는 옛날 왕실에서 사용하던 화려한
나전 문양과 주칠의 소품은 거의 없고 대부분 사대부가에서 사용한
소품들로 꾸며 놓았다.

■●● 2층 접견실에 청화백자가 탁자
위에 다소곳이 놓여 있다.

■●● 왼쪽은 본관 1층에 있는 모습이다. 이는 대통령이 정상회담을 하는 외국 정상과 함께 기념 촬영을 할 때 배경으로 삼았다. 오른쪽은 정상회담을 마친 대통령이 외국 정상과 함께 공식 만찬에 초청된 인사들과 악수할 때 배경으로 배치했다.

왕비나 대비 등 왕실 여인들의 거처에는 도가사상을 토대로 한국적인 멋을 보여주는 십장생을 그린 병풍을 쳤다고 한다. 국립고궁박물관이 소장하고 있는 〈십장생도〉 병풍은 10폭인데 왼쪽에 있는 〈십장생도〉는 8폭이다. 사진 왼쪽의 〈십장생도〉 병풍은 유진형의 작품이고, 오른쪽의 〈십장생도〉 병풍은 홍석창의 작품이다. 유진형이 작품은 그림 내용이 고궁박물관의 〈십장생도〉와 비슷하긴 한데 똑같지는 않다. 홍석창의 작품은 고궁박물관의 〈십장생도〉를 똑같이 모사했다.

1층 로비에는 우리나라가 자랑하는 세계 최초 금속활자 인쇄술인 직지의 모형이 있다. 우리가 세계 최고임을 표현하기 위해 이 모형을 설치한 것 같다. 우리의 기술과 능력에 대해 자부심을 가져야 하지 않을까.

본관 출입문 세종실 쪽에 놓여 있는 2층 책장이다. 2층 책장에 삼국시대 질그릇이 놓여 있다. 우리 민족이 책을 좋아하는데 청와대에서 책을 보관한 책장이 빠질 수는 없다. 질박하지만 단아한 모습이다.

조선시대 왕실 가구

　조선시대 왕실에서 사용했던 가구다. 청와대에 있는 가구들과는 비교가 안 될 정도로 화려하다. 옛날 왕실에서 볼 수 있는 바와 같이 주칠은 왕권의 권위와 부의 상징이었다. 또 왕실 가구에는 십장생과 사군자 등 화려한 문양들이 아름답게 새겨져 있다. 이에 비해 청와대에 비치된 가구들은 실용성의 가구가 아니라 전시용 소품이다. 색은 어둡고 단순

주칠나전2층농.

주칠나전3층농.

화각3층장.

주칠나전문갑.

화각함.

하며 조선시대 사대부가에서 사용한 것과 비슷한 가구들로 현대적 감각에 맞게 디자인된 예술품이다.

별채 속 들여다보기

청와대는 건물의 배치와 이름을 풍수 및 오행 사상에 따라 정했다고 하는데, 우리 전통 사상을 그대로 따르지는 않은 것 같다. 서쪽 별채를 세종실이라 한 것은 문관의 자리여서 한글을 창제한 세종대왕의 휘호를 쓴 것이고, 동쪽 별채를 충무실이라 한 것은 무관의 자리이기 때문이다. 그러나 이는 우리 전통 사상과 다르다. 조선 궁궐의 조정에서는 왕이 북쪽을 등지고 앉았을 때 동쪽에 문관을 배치하고 서쪽에 무관을 배치했다. 품계석을 보면 동쪽에 문관을 의미하는 정正 1품부터 9품까지의 돌이 늘어서 있고, 서쪽에 무관을 의미하는 종從 1품부터 9품까지의 돌이 늘어서 있다. 동반東班인 문반文班과 서반西班인 무반武班을 합쳐 양반이라고 했다.

동서쪽에 배치한 별채의 이름을 문무로 구분해 세종실과 충무실로 표현했지만, 건물의 기능이 그에 일치하는 것은 아니다. 세종실은 신료들이 공식적인 회의를 하던 대전의 기능을 했으며, 충무실은 외교사절이나 외부 인사에 관한 의식과 연회를 베풀었던 곳으로 외전인 정전과 법전의 기능을 했다.

대회의실로 사용되던 세종실

본관에 들어가 서쪽으로 발을 돌리면 국무회의 등 배석자까지 50여 명이 넘는 인원이 참석하는 회의를 수용할 수 있는 대회의실인 세종실이 나온다. 궁궐에서 이 같은 역할을 하는 것은 왕이 주요 신하와 함께 공식적인 회의를 여는 건물인 편전이다.

세종실 회랑에 들어서면 역대 대통령들의 초상화가 걸려 있다. 전직 대통령의 흉상을 서양화로 그린 화가는 다음과 같다. 이승만, 윤보선, 박정희 대통령은 김인승 화백이 그렸다. 최규하 대통령은 박득순 화백이 그렸다. 전두환, 김대중, 이명박 대통령은 정형모 화백이 그렸다. 노태우 대통령은 김형근 화백이 그렸다. 김영삼, 박근혜 대통령은 이원희

세종실 회랑을 들어서면 오른쪽 벽에 전직 대통령의 초상화가 걸려 있다.

화백이 그렸다. 노무현 대통령은 이종구 화백이 그렸다. 이들 화가들은 무명의 초상화가가 아니라 한국 미술계에 큰 영향을 미친 유명 화가들이다.

이승만, 윤보선, 박정희 대통령을 그린 김인승 화백은 일제 치하에서 친일 작품인 〈간호병〉과 〈조선징병제시행기념 기록화〉 등을 그렸다. 광복 이후 친일 행각으로 조선미술건설본부 조직에서 제외됐으나 개성여자중학교 교사와 이화여자대학교 교수 및 학장을 지내고 대한민국미술전람회 추천작가(1949년) 및 심사위원, 대한미술협회 이사장, 국제조형미술협회 한국위원장(1967년)을 지내며 한국 서양화의 구상 계열을 주

●●●
회랑에서 세종실로 들어가는 벽에
걸려 있던 그림과 탁상이다. 이 그
림은 유명 작가의 작품인데 누구
것인지 아직 확인하지 못했다.

도하는 등 영향력을 행사했다. 그러나 결국 친일 행각의 굴레를 벗지 못
하고 1974년에 미국으로 이주했다. 2001년 4월 사망할 때까지 미국에
거주하면서 대한민국미술대전과 각종 초대전 등을 통해 꾸준한 작품
활동을 했다. 한국 현대사에서 아직도 친일 문제가 정리되지 않아 김인
승 화백에 대한 평가는 엇갈리고 있다.

　　최규하 대통령의 초상화를 그린 박득순 화백도 일제강점기에 〈애국기
헌납을 독려하는 전쟁화〉와 〈특공대〉 등을 그려 친일 화가라는 낙인이
찍혔다. 박득순 화백은 최규하 대통령만 그렸지만 국회의장 초상화를
가장 많이 그린 화가로 유명하다. 그는 이승만 초대 국회의장부터 정일
권 9대 의장까지 8명의 국회의장 초상화를 그렸다. 그가 그린 8명의 국
회의장 초상화는 국회 헌정기념관에 나란히 걸려 있다.

　　1975년 8월 28일 육영수 여사의 초상화가로 청와대에 들어간 정형모
화백은 박정희 대통령을 만난다. 그해 정형모 화백은 육영수 여사의 초
상화를 사진만 보고 성공적으로 그려 냈다. 그가 그린 육영수 여사의 초

상화는 박정희 대통령이 청와대를 떠날 때까지 청와대 거실에 걸려 청와대를 지켰다고 한다. 정형모 화백은 박 대통령의 초상화를 그리지 못하고 1979년 10월 26일 서거한 박 대통령의 영정을 그렸다. 그는 또 전두환, 김대중, 이명박 대통령의 초상화를 그려 모두 네 명의 대통령 초상화와 영정을 그렸다.

1970년 제19회 국전에서 〈과녁〉으로 대통령상을 받아 유명한 김형근 화백은 노태우 대통령 초상화를 그렸다. 〈과녁〉은 1965년 제14회 국전 사진부에 입선한 정규봉 씨의 〈관혁〉처럼 화살이 꽂힌 과녁을 다루어서 표절 시비가 일어 더욱 유명해졌다. 그러나 그의 작품은 철저하게 작가의 조형 언어에 의해 표현된 작품으로 인정받고 있다. 김형근 화백은 〈과녁〉 이전에 제17회 국전에서는 〈고완古玩〉으로 특선, 제18회 국전에서는 〈봉연鳳輦〉으로 문공부장관상을 타기도 했다. 토기, 부채, 가마, 함지, 백자 등 민속 재료를 소재로 작업해 국전에 새바람을 일으킨 작가로 유명하다.

김영삼, 박근혜 대통령의 초상화를 그린 이원희 화백은 최규하 대통령의 초상화를 그린 박득순 화백과 같이 국회의장의 초상화를 많이 그린 화가로 유명하다. 이원희 화백은 2006년 5월 29일 퇴임한 김원기 국회의장(17대) 초상화를 포함해 김재순(13대), 이만섭(14, 16대), 김수한(15대) 박관용(16대) 등의 초상화를 그렸다. 이원희 화백은 윤관 전 대법원장 등 유명 인사들의 초상화도 그렸으며, 1990년 국내 처음으로 초상화 개인전도 열었다.

초상화가로 선정된 화가는 대통령이나 국회의장과 두세 차례 면담을 갖고 직접 사진도 촬영한다고 한다. 사진 몇 장과 마음에 그려 둔 이미지를 함께 떠올리며 초상화를 그린다. 초상화를 그리는 화가들은 닮게만 그리는 것이 아니라 그 사람의 인품까지 그려 내는 것이라고 말한다. 그

●●●
세종실 전경 모습이다.

래서 '사진은 기계가 포착하는 인물의 모습이고 초상화는 사람이 포착
하는 인물의 모습이다'라고 표현한다.

연회장으로 사용되던 충무실

오른쪽으로 발길을 옮기면 소연회장인 충무실이 우리를 맞이한다. 충
무실은 본채 동쪽에 세종실과 대칭으로 건축된 별채로 외국 정상을 위
한 소규모 연회와 외국 대사들이 대통령에게 수여하는 신임장 제정식
및 외부 인사들에 대한 임명장 수여식장으로 사용됐다.

궁궐에서는 왕이 공식적으로 신하를 만나 의식과 연회 등의 행사를

●●●
외국 대사 신임장 제정식 전
모습.

하는 공간을 외전이라 한다. 외전은 정전 또는 법전이라 부르는 건물로
경복궁의 근정전과 창덕궁의 인정전이 이에 속한다. 청와대에서는 충무
실의 동쪽 별채, 본채 1층의 인왕실, 2층의 접견실과 백악실 등이 그 기
능을 했다.

페루 대통령과 오찬에 차려진 진상이다. 〈진연도〉 병풍을 배경으로
삼았다.

청와대는 행사 때마다 〈십장생도〉와 〈진연도〉 등의 병풍을 배경으로 삼아
국내외 귀빈을 맞이했다.

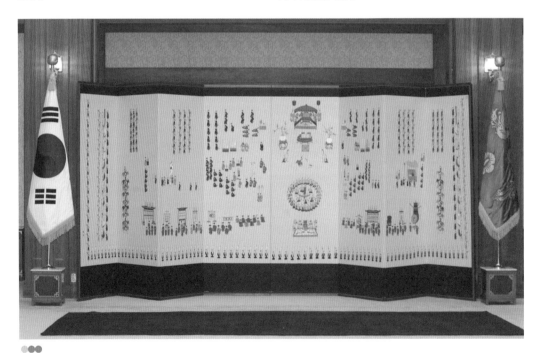

〈진연도〉 병풍은 반차도 형식의 그림이다. 반차도란 배경을 생략하고 국가적인 행사에서 참여하는 사람들이나 동원된 의장물의 배치 순서와 그 숫자 등
을 그린 계획도의 일종이다. 그림 속에 태극기가 있는 것으로 볼 때 궁중 잔치의 모습을 현대식으로 그린 작품이다.

● ● ●
충무실 천장의 문양이다. 연꽃을 현대식 감각으로 추상화한 것 같다.

● ● ●
충무실 벽에 붙어 있는 등이다. 등 모양이 정자 모습을 본떴다. 청와대에 있는 것은 하나하나 전부 우리 멋을 살리려고 했음을 알 수 있다.

손님맞이를 하는 영빈관

영빈관迎賓館은 이름에서 알 수 있듯 손님을 맞이하는 곳이다. 조선시대에는 '○○루'라고 이름 붙여진 건물이 영빈관과 같은 기능을 했다. 그 대표적인 것이 경복궁에 있는 경회루慶會樓이다. 외국의 대통령과 총리가 방문했을 때 민속공연과 만찬 등이 베풀어지는 공식 행사장으로 사용되거나 100명 이상 대규모 연회를 위한 장소로 활용됐다. 1층과 2층에 대규모 홀이 있는데 1층은 접견장으로 2층은 만찬장으로 주로 이용됐다.

영빈관은 박정희 대통령 재임 기간인 1978년 1월에 착공돼 같은 해 12월 준공됐다. 18개의 돌기둥이 건물 전체를 떠받들고 있는 웅장한 건물이다. 특히 전면에 있는 4개의 돌기둥은 2층까지 뻗어 있으며 높이가 13미터에 둘레는 3미터나 된다. 내부는 무궁화, 태극무늬, 월계수가 형상화돼 있어 우리 전통 문양과 현대식 건축양식으로 외부 인사를 맞이했던 곳이다.

영빈관은 외관을 보면 알 수 있듯 우리 건축양식을 거의 따르지 않았다. 외부에서 보면 그리스나 로마의 건축양식을 본떠서 만든 것 같다. 내부 공간도 우리 한옥에서 볼 수 있는 공간 형식이 아니라 서구의 건물 양식에서 볼 수 있는 탁 트인 공간이다. 그러나 영빈관 앞을 지키는 것은 해태상이며 내부는 태극, 봉황. 무궁화 등 대부분 우리 전통 문양으로 꾸며졌다. 퓨전 건물이라고 표현하면 적절할까?

어쨌든 영빈관은 청와대에서 100여 명 이상 대규모로 연회를 할 수 있는 유일한 실내 공간이었다. 그래서 이곳은 외국 정상들이 방문했을 때 주로 만찬 장소로 사용됐다. 또 대규모로 외부 인사를 초청해 연회를

영빈관의 외부 모습.

한·인도 정상회담 때 모습이다. 전날 청와대 본관에 내린 눈이 녹지 않아 본관 앞뜰에서 공식 환영식을 하지 못하고 영빈관에서 간단한 환영식을 했다. 영빈관 2층 발코니에는 인도 대통령을 위한 환영 음악을 연주할 군악대원들이 도열해 있다.

4·19혁명 단체 회원 초청 오찬을 취재하러 들어가다 촬영했다. 이날도 관광객들이 건물 안에서 대통령이 행사를 하는 동안에도 자유롭게 청와대 내부를 관람하고 있다.

베풀 때도 이용했다.

　전통 한옥과는 전혀 다르다. 건물 앞에는 해태상이 자리를 잡고 있다. 외부 모양은 그리스나 로마의 고대 건축물 같다. 그러나 내부 문양에서는 거의 대부분 우리 전통 문양을 사용했다. 가히 퓨전 건물이라고 할 수 있다.

영빈관 1층의 내부 모습과 문양.

영빈관 2층 내부 모습.

영빈관 2층 내부 문양. 무궁화, 태극무늬, 월계수 등으로 꾸며진 2층 홀과 복도의 모습.

영빈관 앞 대형 해태상 앞에서
연회가 베풀어지고 있는 동안 초
병이 근무를 서고 있다.

연회가 베풀어지는 동안 영빈관
앞에서 근무를 서는 초병.

청와대 정원 녹지원

녹지원綠芝園은 청와대 후원으로, 청와대에서 가장 아름다운 곳으로 유명하다. 글자 그대로 풀어 보면 검푸른 영지 정원이란 뜻이다. 이곳은 원래 경복궁 후원으로 농사를 장려하는 채소밭이었다고 한다. 일제강점기 때 총독 관저가 들어서면서 가축 사육장과 온실 등이 조성됐다고 한다. 이곳에는 역대 대통령의 기념식수와 120여 종의 나무가 잘 가꿔져 있다.

1968년 1,000여 평의 평지에 잔디를 심어 야외 행사장으로 활용했다. 주로 어린이날, 어버이날, 장애인의 날 행사 등이 이곳에서 치러졌으며 1995년 5월 28일에는 인근 주민 3,000여 명을 초청한 가운데 〈열린 음악회〉가 열리기도 했다.

후원은 원래 궁궐의 북쪽 편 산자락에 있는 원유苑有를 말한다. 위치에 따라 북원北苑이라고도 부르고, 아무나 들어갈 수 없는 금단의 구역이란 뜻으로 금원禁苑이라 부르기도 한다. 후원의 주된 기능은 왕을 비롯해 궁궐에서 생활하는 사람들의 휴식 공간이다. 이 용도에 맞게 후원의 산골짜기와 연못가에는 아름다운 정자들이 지어졌다. 조선시대 후원은 휴식 공간으로만 그친 게 아니라 과거시험이 치러지기도 했다. 인재를 뽑거나 군사훈련을 할 때 왕이 친히 참관하기도 했다. 종친 모임과 같은 대규모 집회를 열기도 했으며, 내농포內農圃라는 소규모 논을 만들어 왕이 직접 농사를 짓기도 했다.

조선시대에는 청와대 전 구역이 후원이었으나 현대에 와서는 최고 통치자가 집무를 보고 기거하고 이를 보좌하는 비서실까지 함께 있는 곳으로 밀도가 높아졌다. 예전에 후원은 궁궐 북쪽에 있었으나 청와대 후원인 녹지원은 중앙에 위치해 대저택의 중앙 정원 같은 역할을 한다.

농사짓고 군사훈련도 하고 연회도 하는 등 후원의 쓰임새가 다양했다. 조선시대에는 청와대 구역 전체가 후원이었으니 이같이 다양한 일을 할 수 있었을 것이다. 물론 국가 경영과 행정행위의 근간을 이루는 주된 일은 아니었다. 최고 통치자가 재충전하는 장소로 활용된 것이다.

청와대 출입기자라 해도 아름다운 녹지원을 자주 드나들 수 있는 것은 아니었다. 과거 대통령의 출입기자단 초청 간담회에서 한 기자가 이런 질문을 했다. "참여정부 이전에 청와대 출입기자에게는 춘추삼락春秋三樂이 있었습니다. 첫째는 저렴한 가격으로 춘추관의 구내식당 밥을 먹을 수 있는 것이고, 둘째는 조그마하지만 목욕탕이 있어서 피로할 때 목욕을 하는 것이었습니다. 그리고 셋째는 매일 오전 오후 중에 한 번 한 시간 동안 직접 여민관에 들어가서 비서실 직원 취재를 하러 가며 녹지원의 춘하추동을 느끼는 것이었습니다. 그러나 이 중에 녹지원 앞을 지나는 즐거움이 참여정부 들어와 없어졌습니다. 셋째 즐거움을 다시 복원할 수 있었으면 좋겠습니다." 이에 대해 모두 웃고 지나갔다. 이는 당시 정부가 춘추관 운영 방침을 개방형 출입으로 바꾸었기 때문이었다. 100여 명이던 출입기자단이 300여 명으로 늘어나 통제하는 데도 어려움이 많고, 기자가 비서실 직원을 직접 만나 아직 확정되지 않은 기획 단계의 정책을 들은 다음 그 의도와 다르게 보도하는 것을 방지하기 위해 브리핑제로 취재 방식이 바뀌었다. 이에 대변인은 거의 매일 춘추관 브리핑실에서 기자들에게 브리핑을 했다. 또 구체적인 설명이 필요한 사안은 담당 수석이 직접 춘추관 브리핑실로 나와 브리핑하도록 했다.

녹지원은 여민관에서 근무하는 비서실 직원들도 아무 때나 자유롭게 산책할 수 있는 곳이 아니었다. 비서실 직원도 외부인과 마찬가지로 녹지원에서 이뤄지는 내부 행사 때만 녹지원 잔디를 밟을 수 있었다.

녹지원은 나무와 꽃과 잔디로만 가꾸어지지 않았다. 잔디밭 가장자리에 흙길로 된 산책길이 있다. 또 숲속에 조그만 오솔길이 나 있어 솔향기와 꽃 냄새 맡으며 걸을 수 있다. 규모가 크지는 않지만 아기자기하게 잘 꾸며져 있어 휴식을 취하기에 충분한 곳이다. 영국의 버킹엄궁전과 윈저성 등 오래된 궁궐의 정원 규모에 비하면 작지만, 정원이 주는 즐거움을 만끽하기에는 충분하다.

한편 축구 경기를 해도 좋을 정도로 잔디가 잘 가꿔져 있다. 이 잔디밭에서 어린이날과 어버이날 행사 등 각종 행사와 외부 인사를 초청한 야외 연회를 열었다.

녹지원을 둘러싸고 심어진 수백 그루의 나무와 꽃들이 봄, 여름, 가을, 겨울 계절에 따라 새로 옷을 갈아입는 것이 너무나 아름답다. 깔끔하게 정돈된 정원은 들어갈 때마다 새롭게 느껴진다.

왼쪽 벤치에 앉아 책을 읽으면 신선이 될 것이고 연인과 함께 데이트를 하면 사랑이 듬뿍 묻어날 것 같다. 녹지원에 몇 번 못 들어갔지만 정말 푸근하고 아름다운 곳이다.

콘크리트로 뒤덮인 대도시에서 흙을 밟을 수 있다는 것은 큰 행복이다. 대통령은 흙을 밟으며 땅의 힘을 받지 않았을까.

청와대 녹지원의 봄.
녹지원에 심어진 소나무는 수령
이 160년 됐다고 한다. 고종의
경복궁 복원, 일제의 조선 침탈,
대한민국 정부 수립 등 청와대의
역사를 지켜본 산증인이라 할 수
있다.

청와대 녹지원의 가을 모습이
다. 한들거리는 코스모스가 만추
晩秋가 됐음을 알려 준다.

녹지원의 가을이다. 벤치에 앉아 책을 보거나 사랑하는 이와 정다운 대화를 나누고 싶은 충동이 든다.

녹지원 흙길이다.
대통령이 흙을 밟으며 산책할 수 있도록 만들었다고 했다. 관광객들도 이 길을 걸어서 본관 쪽으로 이동한다. 이 사진은 기자단이 일반 관광객과 함께 청와대를 관람할 때 촬영했다. 중앙일보 안성식 선배가 카메라 가방을 멘 채 걸어오고 있다. 사진을 촬영하는 그림자는 이 책을 쓴 필자의 그림자다.

용이 똬리를 틀고 있다는 뜻의 용충교龍忠橋다. 4월에 촬영했는데 단풍나무가 꼭 가을 같다. 하지만 새싹을 보면 봄이라는 것을 알 수 있다.

본관 쪽으로 가면서 녹지원을 바라보고 용충교를 촬영했다. 오른쪽 위에 보이는 건물은 여민 1관이다.

용충교 위에서 아래(왼쪽)와 위(오른쪽)를 바라보고 촬영했다. 조그만 계곡에 분수를 만들고 조각상을 올려놓기도 했다.

전통 한옥 상춘재

상춘재常春齋는 전두환 대통령 재임 기간인 1983년 4월 준공됐다. 외빈 접견을 위한 전통 한식 가옥이다. 상춘재는 또 청와대에서 재료부터 건축양식까지 전통 한옥을 그대로 표현해 건축한 유일한 건물이다. 일제가 청와대 터에 있는 우리 건축물을 허물고 총독 관저를 지은 후 1983년까지 청와대에는 전통 한옥이 없었다. 이승만 대통령이 총독 관저에 들어와서 옛 건물의 이름을 따 경무대라고 한 뒤에 세 명의 대통령이 30년이 넘게 청와대 터에 살았지만 변변한 우리 건물 하나 짓지 않고 일제강점기 때 건물을 그대로 사용했다. 일본 총독 관저 건물을 집무실과 잠을 자는 숙소로 이용했다. 그래서 청와대에 외국 손님이 와도 우리나라 가옥 양식을 소개할 길이 없었다. 이에 전두환 대통령 때 전통 한옥이 건축됐고 이후 외빈 접견이나 비공식 회의 장소로 사용했다.

일제강점기에는 지금의 상춘재 자리에 조선총독부 관사 별관인 매화실이 있었다고 한다. 이승만 대통령 시절 이름을 상춘실로 바꿔 사용하다 1977년 12월 철거하고 1978년 3월 천연슬레이트 지붕으로 된 양식 목조건물(약 72.6제곱미터)로 다시 지어 상춘재라고 이름을 붙였다. 그 후 전통 한식 건물로 만들기 위해 1982년 11월 20일 공사에 착공해 온돌방 1개와 대청마루가 있는 연면적 417.96제곱미터 규모의 건물을 1983년 4월 5일 완공했다. 주 기둥에 사용된 목재는 200년 이상 된 춘양목이었다. 구조는 방 2칸, 주방 1칸, 마루, 화장실 1칸, 대기실 1칸, 지하실로 이뤄졌다. 이로써 청와대에 처음으로 우리 전통 건축물이 세워졌다.

상춘재는 독립된 건물로 산중턱에 살포시 숨어 있다. 이에 비해 경복궁와 창덕궁 등 옛날 궁궐의 건물은 별개의 독립 건물이 그렇게 많지 않았다. 궁궐의 건물들은 각 기능에 따라 거미줄처럼 연결돼 있다. 그러나 청와대에 있는 건물은 대부분 커다란 건물 안에서 여러 가지 기능을 하도록 지어졌다. 경복궁 후원에는 융무당과 경무대 등 여러 개의 건물이 있었는데 청와대 후원인 녹지원에는 상춘재 하나밖에 없다. 이는 아마도 옛날 궁궐에 비해 터가 좁고 궁궐처럼 많은 사람이 살면서 행사하지 않았기 때문일 것이다.

●●●
숲속에 숨어 있는 상춘재의 모습이 수줍은 새색시 같다. 색깔을 입히지 않는 모습이 화장을 하지 않은 여인의 맨 얼굴과 같다.

상춘재는 청와대 내에서 유일하게 조선시대 건축양식을 그대로 답습한 건물이다. 그래서 전두환 대통령은 각종 연회와 외빈 초청 행사를 이곳에서 했다고 한다. 물론 박정희 대통령 때 건축된 영빈관이 외빈을 초청하는 주요 건물이기는 하지만 한옥 양식은 전혀 볼 수 없는 퓨전 건물이다.

나무 사이로 살포시 내민 모습을
볼 때 팔작지붕임을 알 수 있다.

비서진이 근무하는 여민관

여민관與民館은 대통령 비서실로 대통령과 비서진들이 국민과 기쁨과 슬픔을 함께하는 곳이라는 의미의 여민고락與民苦樂에서 따온 말이라고 한다. 여민관은 모두 3개의 건물로 돼 있는데 1관은 2004년, 2관은 1969년, 3관은 1972년에 건립됐다. 여민 1관에는 대통령 간이 집무실 등의 주요 시설이 위치해 있고 에너지 절약을 위해 외단열 시스템을 적용해 건립됐다고 한다.

여민관은 조선시대 궁궐의 공간 구조로 보면 궐내각사에 해당한다. 궐내각사는 궁궐 안에서 활동하는 관리들의 활동 공간이다. 궐내각사는 첫째 정치와 행정 업무를 담당하는 정규 관원들의 활동 공간, 둘째 왕실 시중과 궁궐의 시설 관리를 맡는 관리기구, 셋째 경비와 호위 등 군사 업무를 맡는 군사기구로 나눌 수 있다. 여민관은 이 중 첫째와 둘째 기능을 갖춘 관리들이 활동하는 곳으로 대통령 비서실이라고 했다.

이 가운데 정치적으로 가장 중요한 기능을 한 것은 정규 관원들의 활동 공간이다. 그 역할에 따라 중요한 몇 가지만 알아보면 다음과 같다. 정승이나 판서 등 고위 관료들의 회의 공간인 빈청賓廳, 이조와 병조의 관원들이 들어와 인사 업무를 보는 정청政廳, 왕명 출납을 담당하는 승지들의 관청인 승정원承政院, 학문을 닦아 왕의 주문에 대응하고 왕과 함께 경전과 역사책을 토론하는 홍문관弘文館, 외교문서를 다루는 예문관, 실록 편찬 등 역사기록을 담당하는 춘추관 등이 있다.

청와대 비서실은 비서실장, 정책실장, 국가안보실장 등 3실과 경제수석, 사회수석, 일자리수석, 국민소통수석, 정무수석, 민정수석, 시민사회수석, 인사수석 등 각 분야별 수석이 있다. 또 경제사회노동위원회,

● ● ●
여민 1관에 있는 대회의실.

● ● ●
대회의실 뒤에 있는 태극기와 화분과 옷걸이
다. 본관 소품처럼 화려하지 않다. 청와대의
장식품들은 화려함보다는 소박하고 은은한
것을 찾나 보다.

국가균형발전위원회, 국가지식재산위원회, 아시아문화중심도시조성위
원회, 일자리위원회, 저출산고령사회위원회, 정책기획위원회 등 해당
정부가 필요로 하는 위원회가 각종 정책을 만들어 대통령을 보좌한다.
정부의 정책 방향에 따라 조직이 새롭게 만들어지기 때문에 그 구성은
늘 다르다. 각 부서의 기능이 조선시대와 꼭 같지는 않지만 궐내각사의
역할을 하고 있다. 예를 들어 조선시대 춘추관은 실록 편찬 등 역사기
록을 담당하는 부서였는데 청와대의 춘추관은 대통령의 행적을 기록하
는 것 이외에 민간 언론이 청와대에서 취재하는 것을 지원하는 기능도
했다.

　새로운 대통령이 들어설 때마다 새로운 비서진이 들어가 선거 당시에
내세운 공약과 새로운 정책을 발굴해 행정에 반영했다. 왕권이 세습되

여민 1관 내 중회의실

여민 1관에 있는 대통령 간이 집무실이다. 2004년 12월 여민 1관이 준공된 뒤 사용하기 전 언론에 먼저 개방해 다양하게 사진을 촬영할 수 있었다.

던 조선시대에도 각 당파가 자신들이 추구하는 정책을 왕과 협의해 실현시킨 것으로 볼 때 과거의 궐내각사와 비서실인 여민관은 거의 비슷한 기능을 했다.

대통령은 일주일에 한 번씩 본관에서 집무를 보지 않고 여민관으로 이동해 중회의실에서 수석보좌관 회의를 했다. 중회의실은 2004년 12월 완공된 여민 1관에 있으며 대통령 간이 집무실 옆에 붙어 있다. 여민관에 대통령 집무실을 만든 것은 대통령이 비서진과 더 가까이할 수 있고 비서진이 본관으로 이동하는 불편함을 덜기 위해서였다고 한다.

대통령 간이 집무실로 들어가는
입구.

여민 1관 준공식 때 준공식을
준비하는 모습이다. 우측 소나
무 뒤에 있는 건물은 여민 2관이
고 사진에는 보이지 않지만 여민
2관 오른쪽에 여민 3관이 있다.

대통령과 그 가족의 사적 공간 관저

　대통령과 그 가족이 생활하던 대통령 관저는 1990년 10월 25일에 완공됐다. 대통령의 공적인 업무 공간과 사적인 공간을 구분하기 위해서였다. 관저는 대통령의 사적 공간으로 경복궁에서 왕이 거처했던 강녕전과 왕비가 거처했던 교태전을 합친 공간이라 할 수 있다. 현재와 달리 조선시대 왕과 왕비는 각각 별도의 사적 공간을 사용했다.

　관저는 전통 한식으로 지어졌으며 본채, 별채, 대문채, 사랑채, 회랑으로 구성됐다. 본채는 팔작지붕의 겹처마에 청기와를 얹은 'ㄱ' 자형 지붕 모양을 하고 있다. 위치는 이전에 집무실과 관저로 쓰던 수궁守宮터 뒤쪽, 청와대에서 가장 높은 곳에 자리했다.

청와대 관저 입구에서 본 전경.

관저가 지어지기 전에는 일제 총독 관사를 대통령 집무실과 관저로 사용했다. 일제는 1939년 7월 총독 관사를 건립해 우리의 면면한 민족정기를 단절하려 했다. 총독 관사는 경복궁의 조선총독부 청사와 더불어 외세 침탈의 상징이 됐다. 이 건물은 해방 후 1948년 3월까지 미군정 사령관의 거처로 쓰였으며, 대한민국 정부가 수립된 후에는 역대 대통령의 집무실 및 관저로 이용됐다. 하지만 1990년 10월에 관저를 완공하고 다음 해인 1991년 9월에 본관 건물을 새로 지으면서 빈집으로 남았다. 이후 1993년 11월 김영삼 대통령이 민족정기를 바로잡고 국민의 자긍심을 되살리기 위해 구 총독부 관사 건물을 철거하도록 했다. 옛 지형대로 복원된 자리는 원래 이곳에 있던 건물의 명칭을 따라 수궁터라 부른다.

관저 정문 현판 인수문.

관저 입구 왼쪽 화단.

관저 정문 인수문.

관저 입구 오른쪽 화단.

청와대 프레스센터 춘추관

춘추관春秋館은 대통령의 기자회견 장소이자 출입기자들의 기사송고실로 사용됐던 곳이다. 국내외 언론사 기자 300여 명 이상이 출입하는 청와대 프레스센터다. 1층은 기자들의 기사송고실과 자료실 겸 소프리핑실로 구성됐고 2층은 대통령 기자회견과 각종 브리핑 등을 하는 브리핑실이었다. 춘추관은 1990년에 완공됐으며 주위 경관과 잘 어울리도록 맞배지붕에 청기와를 올려 전통적인 우아함을 보여 준다.

춘추관이란 이름은 중국 사서오경 중 하나인 『춘추』에서 따온 말로 엄정하고 비판적인 태도로 역사를 기록하는 곳이라는 뜻이다. 조선시대 춘추관은 실록 편찬 등 역사기록을 담당하는 곳이었다. 현재에 와서도 춘추관은 청와대의 역사를 기록하기 위해 전속 사진기자 2명, 전속 카메라 기자 2명, K-TV 기자 등이 근무했다. 이 외에 민간 언론사의 자유로운 취재를 지원하는 기능도 함께했다. 이에 춘추관장의 공식 직함은 보도지원 비서관이었다. 춘추관에는 사진과 방송 카메라뿐만 아니라 속기사도 있어 대통령과 비서진들의 공식적인 발언을 기록하고 이를 언론에 가감 없이 배포했다.

앞에서 말했듯이 청와대 출입기자들에게는 춘추삼락이라는 것이 있었다. 첫 번째 즐거움은 싼값으로 아침과 점심을 먹을 수 있다는 것이었다. 청와대를 출입하는 기자들은 대부분 시간을 춘추관에서 보냈다. 또 아침 일찍 출근하고 저녁 늦게 퇴근하는 경우가 많았다. 춘추관에 근무하는 직원들도 기자들과 마찬가지로 아침 일찍 출근해서 밤늦게까지 일했다. 이렇게 상주하는 사람들을 위해 춘추관에는 식당이 있었다. 춘추관 2층에 있는 식당의 음식값은 매우 쌌다. 그렇다고 음식이 부실한 것

●●● 춘추관 전경의 모습이다.

●●● 춘추관을 옆에서 본 모습이다. 서로 마주 보고 있는 맞배지붕 양식이다.

은 아니었다. 반찬 서너 개와 국밖에 없었지만 그 맛이 꿀맛이었다. 음식의 질이 좋았다. 하지만 가격은 일반음식점의 절반 이하였다. 춘추관 직원들의 복리후생비에서 지원해 준다고 했다.

　두 번째 즐거움은 피로할 때 목욕할 수 있는 목욕탕이 있다는 것이었다. 규모는 작지만 냉탕과 온탕이 있고 건식 사우나도 하나 있었다. 목욕탕 입구에는 몇 가지 되지 않지만 러닝머신과 바벨도 있었다. 기자단과 춘추관 직원들의 건강을 위한 것이었다. 기자들은 직업상 사람도 많이 만나고 술도 많이 마신다. 결과적으로 항상 피로가 쌓여 있다. 음식을 먹거나 이발을 하는 등 일상적인 일을 하기 위해선 청와대에서 멀리 걸어 나가야 했다. 그래서 값싸고 맛있는 식당과 피로를 풀어 줄 수 있는 목욕탕 시설이 갖춰져 있었던 것이다. 종로나 강남의 대형 건물에는 대부분 사우나 등 각종 편의 시설이 잘 갖춰져 있다. 물론 그런 것에 비하면 청와대에 갖추어진 편의 시설은 아주 기초적인 것이었다.

　세 번째 즐거움은 매일 오전과 오후 한 시간씩 여민관에 있는 비서실 직원들을 만나러 가는 길에 청와대에서 가장 아름다운 녹지원 앞을 지날 수 있다는 것이었다. 그런데 이 마지막 즐거움이 참여정부 들어서 사라졌다. 기자가 청와대 직원을 직접 만나는 것을 통제하고 관련 부서 책임자가 사안에 따라 수시로 브리핑을 하는 브리핑제로 바뀌었기 때문이다. 또 청와대 출입기자 수도 3배 이상 늘었다. 예전에 비해 등록을 원하면 신원조회를 거쳐 큰 하자가 없을 시 다 허용하고 있다. 이로 인해 출입기자가 많아져 통제에도 어려움이 컸다. 대신 모든 사안을 대변인이 브리핑하고 필요하면 담당 부서의 책임자가 춘추관에 나와서 수시로 브리핑했다. 이에 매일 브리핑이 정례화됐다. 이는 미국 백악관의 언론정책과 비슷했다. 청와대 출입기자들은 여민관에 들어가지 못하지만 비서실 직원들을 만나고 전화통화도 할 수 있었다. 전화는 개방돼 있기 때문에 사안에 따라 수시로 전화를 하고 점심때나 저녁때 만나서 대화를 나누기도 했다. 취재에 커다란 장벽이 있는 것은 아니었다. 다만 청와대 안으로 들어가지 못하는 것뿐이었다. 그래서 녹지원도 볼 수 없었다. 청와대 출입기자가 아니라 춘추관 출입기자란 말을 하기도 했다. 실제로 청와대 안에 들어가는 경우가 너무나 적기 때문이었다. 그래도 사진기자와 방송 카메라 기자는 취재기자에 비해 자주 청와대 안에 들어가 취재하는 편이었다.

브리핑실 천장에는 12개의 방패연이 걸려 있다. 브리핑실 천장까지도 우리 것으로 꾸몄다. 설날이나 정월 대보름에 액운을 날려 보내기 위한 민속놀이인 연은 기록에 의하면 이순신 장군이 임진왜란 때 통신수단으로 사용했다. 아마도 청와대 브리핑실 천장에 커다란 방패연을 설치한 것은 정부의 정책을 연에 실어 멀리멀리 전국 방방곡곡에 전하고자 한 것이 아니었을까. 춘추관에 그 이유를 물어봤으나 기록이 남아 있지 않아 확인하지 못했다.

또한 예전에 왕이 백성의 억울한 사연을 직접 듣고 처리하기 위해 궐

대국민담화를 준비하는 춘추관
대브리핑룸 모습이다.

입구에 설치해 놓았던 신문고를 춘추관에 상징적으로 만들어 놓았다.
우리나라 자치단체는 대부분 민선이 되면서 주민의 목소리에 귀 기울인
다는 뜻으로 신문고를 만들어 걸었다. 전국 230여 개 자치단체를 다 다
녀보진 않았지만 모두 있지 않을까. 신문고는 우진각지붕으로 만들어졌
다. 지붕 끝이 치켜 올라가며 합쳐지는 합각을 이루고 있다. 이런 모습은
4각 정자, 6각 정자, 8각 정자 등의 모습에서도 볼 수 있다.

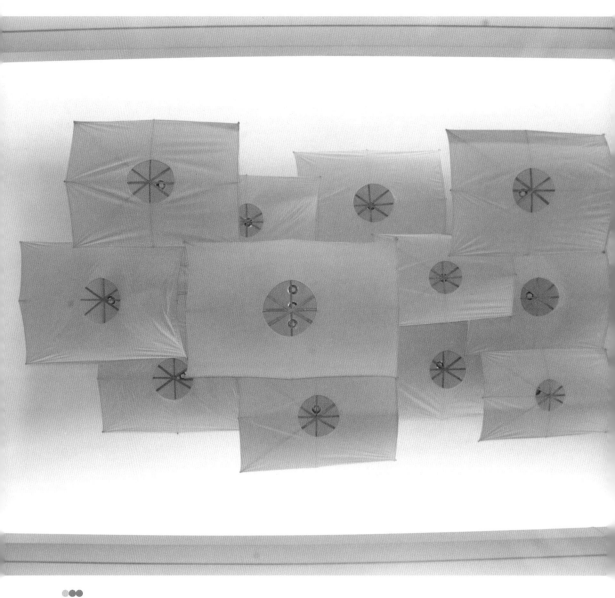

브리핑실 천장 모습이다.

춘추관 뜰에서 본 건물 모습.

춘 추 관

치욕의 자리 수궁터

수궁터는 구 본관을 철거하고 옛날 이름을 찾아 복원한 곳이다. 수궁이란 궁궐을 지키는 군인을 훈련시키던 곳이란 뜻에서 붙여진 이름이다. 지금은 일본 총독 관저의 표석과 잔디로 덮인 평평한 터만 남아 과거의 치욕을 고즈넉이 보여 주고 있다.

삼각산의 정기를 이어받아 북악을 거쳐 경복궁 쪽으로 길게 뻗어 내린 이 산자락은 예로부터 명당으로 알려져 고려시대인 1104년 숙종 9년에 왕실의 이궁이 자리 잡았던 곳이다. 조선시대에는 경복궁의 후원으로 왕궁을 지키기 위한 수궁, 경무대, 융문당, 경농재, 벽화식, 오운각 등 총 232칸의 건물과 임금이 친히 논을 일궈 농사가 국사의 근본임을 일깨우던 8배미의 논이 있었다.

예로부터 천하제일 복지로 알려졌던 이곳에 일제는 우리 민족 정기를 단절하기 위해 1939년 7월 총독 관저를 건립했다. 이 건물은 경복궁 내 조선총독부 청사와 더불어 외세 침탈의 상징이었다.

총독 관저는 해방 이후 1948년 3월까지 미 군정 사령관 거처로 사

일본 총독 관저에 있던 표석이다.

용됐으며 대한민국 정부가 수립된 뒤에는 역대 대통령의 집무실 및 관저로 사용됐다. 이후 1990년 10월에 관저를, 1991년 9월에는 본관 건물을 새로 지어 옮김에 따라 빈집으로 남았다.

김영삼 대통령이 1993년 11월 민족정기를 바로잡고 국민들의 자긍심을 되살리기 위해 총독 관저 건물을 철거하고 옛날 지형대로 복원해 원래 이곳에 있던 건물의 명칭을 따라 수궁터라고 부르게 됐다.

이제 수궁터 자리엔 일제가 우리 민족정기를 유린하기 위해 건축했던 총독 관저는 사라지고 그 역사를 잊지 말자고 남겨 놓은 표석만 덩그러니 있다. 그 앞에는 당시 일본 총독 관저의 모습을 새긴 비석과 청와대 구 본관 터라는 표석이 세워져 있다.

폐쇄와 개방

청와대 앞 도로는 1968년 1·21 사태(1968년 1월 21일 북한 민족보위성 정찰국 소속 124군부대 무장 게릴라 31명의 청와대 기습을 위한 서울 침투 사건) 이후 북악산, 인왕산과 함께 일반인의 출입이 통제됐던 곳이다. 이곳은 1993년 김영삼 대통령이 취임식 날을 기해 인왕산 지역과 함께 통제를 풀어 25년 만에 국민 품으로 돌아갔다. 김영삼 대통령의 문민정부는 3당 합당이라는 불명예를 씻어 내기 위한 첫 번째 조치로 청와대 앞길을 개방했다.

당시 신문기사를 검색해 보니 일반 기사는 짤막하다. 사진도 사회면과 종합면에 2단이나 3단 크기로 작게 다뤘다. 그러나 각 신문은 사설과 논평을 통해 청와대 앞길의 개방을 중요하게 언급했다. 로마 시민들은 네로 황제가 기독교인을 박해하기 위해 로마 시내에 불을 지른 것보다 황궁 앞을 돌아가게 한 것을 더 싫어했다고 한다. 국민을 불편하게 하고 화나게 하면 정권을 유지하기가 어렵다는 것은 옛날이나 지금이나 진리인 것 같다.

청와대 앞길이 열리던 날 한 신문의 사설을 보면 당시 상황을 잘 알 수 있어 이곳에 소개해 보겠다.

청와대 앞길과 인왕산 등산로가 열렸다. 다니라고 뚫린 길이요 품을 열고 기다리는 산이다. 총구를 맞댄 최전방도, 출입하지 않기로 약속한 비무장지대도 아닌데 길을 막았었고 산을 닫았었다. 이제 다시 뜻대로 왕래하고 오르내릴 수 있게 됐으니 딴것은 다 제쳐 두고라도 본디대로 돌아갔다는 점에서 여간 크게 환영할 일이 아니다.

(중략)

청와대길과 인왕산이 열린 것은 바로 그것이 상징하듯 우리가 마침내 '열린 시대'에 들어섰다는 신호다. 독재와 권위와 과잉의 시대가 가고 자유와 민주와 모든 것이 정상의 자리를 찾는 자연스러움의 시대가 개막됐음을 알리는 팡파르와도 같은 것이다.

우리에게는 '닫힌 시대'의 불유쾌한 기억들이 많다. 청와대 쪽을 바라보는 빌딩의 창문이 닫혀야 했고, 심지어는 '큰 영애'의 나들이도 내다보다간 경을 쳤다. 무너진 성터에 카메라를 들이댄 문화재 취재기자가 총검을 든 군인들에게 끌려가 곤욕을 치르고야 풀려나기도 했다. 비슷한 '일화'는 수없이 많다.

물 샐 틈 없는 청와대 경비의 필요성은 문민대통령이 들어섰다고 해서 조그마치라도 줄어들 이유가 없다. 오히려 철옹성 안에 머무른 대통령보다 국민 곁에 가까이 있으려는 대통령이기에 더욱 엄중한 경비가 필요하리라는 역설도 성립된다.

(중략)

따지고 보면 국민이 먼저이며 대통령은 나중이다. 국민의 생활과 대통령의 생활이 '상충'되는 일이 있다면 후자가 양보하는 것이 민주주의의 이치가 아닐까. 그러나 그렇게 극단적으로 나갈 것까지는 없고 가장 바람직한 것은 양자가 조화를 이루는 데 있다고 말할 수 있다.

(이하 생략)

이렇게 시작된 청와대 개방은 참여정부 들어 박차를 가하기 시작했다. 정상회담을 하는 동안에도 청와대 경내를 개방했다. 이제 마지막으로 통제됐던 청와대 뒷산인 북악산도 완전히 개방됐다. 상전벽해의 일이다. 청와대가 국민 속으로 들어갔고 국민이 청와대로 들어갔다. 과거 군사정권과 권위주의 시절의 대통령은 이제 사라졌다.

정말 패러다임이 바뀐 것이다. 군림해서는 더 이상 지도자가 될 수 없다. 이제는 합리적으로 미래에 대한 비전을 제시하며 국민을 섬기는 공복만이 지도자가 될 수 있는 시대가 도래한 것이다.

볼거리

문민정부 시절 개방된 청와대 앞길은 행정구역으로는 효자동의 효자 삼거리에서 팔판동의 팔판 삼거리에 이르는 길이다. 지하철 3호선 경복궁역에서 효자로를 따라 효자 삼거리에 이르면 청와대 사랑채, 분수대, 무궁화 동산, 연무관, 대고각, 영빈관 등이 있다. 청와대 사랑채는 2층짜리 아담한 건물로 1층에는 한국관광전시관이 있고, 2층에는 역사기념관이자 문화홍보관인 청화대관과 국민소통체험관이 있다. 청와대 사랑채 뒤뜰에는 그늘막이 있어 쉴 수 있다. 대고각에는 신문고의 옛 얼을 담아 김영삼 대통령에게 기증된 북이 걸려 있다. 연무관은 경호실 요원들의 무술 및 체력 단련장이다. 1993년 7월에 박정희 대통령이 최후를 맞은 궁정동 안가를 헐어 내고 무궁화 동산을 조성했다. 그 안에는 상징 우물, 자연석 성곽, 휴게소 등이 있다. 무궁화 동산 바로 뒤쪽으로는 주한 로마교황청 대사관과 칠궁이 있다.

청와대 앞길은 좌우로 울창한 나무들이 줄지어 서 있다. 나무 그늘과 아름다운 꽃밭을 감상하면서 산책할 수 있다. 경복궁의 북문인 신무문

맞은편에는 청와대가 있고, 청와대 앞길이 끝나는 곳에는 청와대의 기자회견장이었던 춘추문이 있다. 춘추문에서 경복궁 건춘문에 이르는 삼청동 길에는 갤러리 현대, 국제갤러리 등이 있으며 효자로 쪽에는 진화랑이 있어 예술 작품 감상의 기회도 가질 수 있다.

위 사진은 청와대 앞 도로와 출입문 입구를 버스 안에서 촬영한 사진들이다. 간혹 취재를 마치고 버스를 기다리면서 촬영하기도 했다.

● ● ●
봄, 청와대 경복궁 돌담길에 벚꽃 잎이 바람에 날려 꽃비가 내리고 있다.

● ● ●
여름, 비 내리는 청와대 앞길.

● ● ●
가을, 청와대 앞 도로에 가을 냄새가 물씬 풍겨 난다.

겨울, 눈 내린 청와대 앞길이다.

◎◎◎
청와대 정문 앞에 있는 신무문神武門 모습. 왼쪽은 정문을 나오면서 촬영한 것이고, 오른쪽은 청와대 본관 창문을 통해 본 신무문의 모습이다.

◎◎◎
청와대 본관 경비. 루마니아 정상회담 때 본관 경비 근무자가 본관 입구에 경비를 서고 있는 모습이다. 취재를 마치고 나오면서 얼른 셔터를 눌렀는데 부동자세로 있는 오른쪽 근무자가 눈동자만 돌리며 사진 촬영을 하면 안 된다고 했다. 그래도 이왕에 촬영한 것이라 지우진 않았다. 그래서 이 책에도 살아남게 됐다.

◎◎◎
영빈관 앞 근무지로 근무 교대를 위해 이동하는 근무자의 모습이다.

◎◎◎
태국 탁신 총리 접견을 취재하고 본관 밖에 나와 버스를 기다리는데 경호관들이 본관 앞을 검침하면서 지나갔다. 청와대를 출입하면서 검침하는 모습은 처음 봤다. 국가원수가 있는 곳이니 보안에 철저한 것은 당연한 일이다.

다양한 순찰 모습

청와대 앞 순찰과 군 의장 행사는 2005년까지는 없었던 행사다. 1968년 1·21 사태 이후 완전히 통제됐던 청와대 앞길은 언젠가부터 서울을 찾는 관광객이 꼭 들르는 관광 명소가 됐다.

이에 청와대 경호실은 2006년 4월부터 군과 경찰의 협조를 얻어 국민과 함께하는 순찰과 군 의장 행사를 벌였다.

경찰대원들이 말, 인라인 스케이트, 사이드카, 사이클 등을 타고 4월부터 10월까지 7개월 동안 청와대 앞을 순찰한다. 인라인 스케이트, 사이드카, 사이클 순찰대는 오전과 오후 두 차례로 나눠 청와대 분수대~춘추관 사이 왕복 1.2킬로미터 구간을 순찰한다. 기마 순찰대는 매주 토요일 오후 2~4시에만 순찰을 한다.

당시 청와대 경호실은 "국민 친화적 순찰 및 군 의장 행사는 참

●●●
인라인 순찰.

●●●
기마 순찰.

●●●
사이클 순찰.

여정부의 '열린 청와대' 정책에 따른 것"이라고 밝혔다. 이같이 청와대는 두려움과 원성의 대상에서 국민과 함께하고 외국인도 함께하는 우리 모두의 공간이 됐다. 이후 이명박, 박근혜 대통령 때까지는 의장 행사만 열렸는데, 문재인 대통령 때는 의장 행사를 하던 청와대 분수대 구역이 1인 시위를 할 수 있는 공간으로 개방돼 행사를 하지 못했다.

●●●
경찰 사이드카, 사이클, 인라인 스케이트 기마 순찰대원들이 청와대 앞을 순찰하고 있다.

관광객이 기마대와 인라인 등 경찰 순찰대원들과 기념 촬영을 하고 있다.

왕후가 되지 못한
왕의 어머니를 모신 칠궁

칠궁七宮은 청와대와 문화재청이 함께 관리했다. 청와대 밖에 있지만 청와대와 담을 함께 사용하기 때문이다. 조선시대에 왕의 어머니였지만 왕후王后의 자리에 오르지 못한 일곱 후궁들의 신위를 모신 사당祠堂이다. 이들은 왕후가 되지 못했다는 이유로 죽어서 종묘에 들어가지 못했다. 일곱 후궁의 아들 가운데 실제 왕위에 오른 사람은 영조, 경종, 순조세 명뿐이다. 영조의 첫째 아들 진종은 어린 나이에 일찍 죽었고 사도세자는 아버지 영조의 미움을 사서 죽었다. 인조의 아버지로 훗날 추존왕이 된 원종의 생모인 경혜유덕인빈김씨敬惠裕德仁嬪金氏는 선조의 후궁이다. 조선시대 마지막 황태자 영친왕英親王은 나라가 망해 왕위에 오를수가 없었다.

후궁은 일곱이지만 남편인 왕은 다섯 명이다. 선조(1명), 숙종(2명), 영조(2명), 정조(1명), 고종(1명)이다. 이 중에 일반인도 잘 아는 후궁은 인현왕후를 폐비시키고 왕후에 올랐다 폐비가 된 희빈 장씨와 무수리로 영조를 낳은 숙빈 최씨가 있다. 또 조선 마지막 황태자인 영친왕을 낳은 고종의 후궁 순헌황귀비 엄씨이다.

왕들은 왕후가 되지 못한 자신의 어머니와 첫 아들을 낳아 주고 죽은 후궁을 위해 사당을 짓고 좋은 휘호를 내려 추앙했다. 육상궁은 복을 기른다. 연우궁은 길이길이 돕는다. 경우궁은 크게 돕는다. 선희궁은 행복을 베푼다. 저경궁은 행복을 쌓는다. 대빈궁은 궁녀 중에 으뜸이다. 덕안궁은 덕을 편안히 한다. 자신을 낳아 준 어머니 또는 첫 아들을 낳아 준 아내에게 이 정도의 보답은 당연한 일일 것이다.

육상궁과 연우궁 측면 모습.

육상궁과 연우궁 정면 모습.

이 궁이 처음부터 칠궁이었던 것은 아니다. 이 궁은 숙종의 후궁으로서 영조를 낳은 숙빈 최씨의 신주를 모시는 사당으로 영조 원년(1725년)에 지어져서 처음에는 숙빈묘淑嬪墓라 했다. 영조 20년(1744년)에 육상묘毓祥墓로 부르다가 영조 29년(1753년)에 육상궁毓祥宮으로 이름을 고쳤다. 육상궁은 고종 19년(1882년)에 불에 타 없어졌다가 고종 20년(1883년) 6월에 다시 지어져 현재에 이르렀다. 고종 7년(1870년)에 연우궁(영조의 후궁 정빈 이씨)이 옮겨 왔고, 1908년에 저경궁(선조의 후궁 인빈 김씨)과 대빈궁(숙종의 후궁 희빈 장씨)과 선희궁(영조의 후궁 영빈 이씨)과 경우궁(정조의 후궁 수빈 박씨)이 옮겨 왔으며, 1929년에 덕안궁(고종의 후궁 엄씨)이 옮겨 오면서 칠궁이 됐다.

칠궁은 종묘와 함께 왕실의 신주를 모신 사당 제도의 귀중한 표본으로 인정받아 사적 제149호로 지정됐다. 그러나 칠궁은 청와대와 붙어 있어 1968년 1·21 사태 이후 경호상의 문제로 출입이 금지돼 오다가 국민의 정부 때인 2001년 11월 24일 다시 일반에 공개됐다. 그러나 여전히 칠궁은 문화재 보존과 효율적인 관리를 위해 청와대 관람과 연계해

육상궁과 연우궁의 누각 모습.

육상궁과 연우궁 출입문 모습.

서만 관람할 수 있다.

왕의 어머니였지만 왕후의 자리에 오르지 못한 일곱 후궁들의 신위를 모신 칠궁에는 7개의 사당이 아니라 5개의 사당밖에 없다. 그 이유는 영조의 생모 숙빈 최씨와 영조의 후궁인 정빈 이씨를 1개의 건물에 모셨기 때문이다. 또 영조의 후궁 영빈 이씨와 정조의 후궁인 수빈 박씨도 1개의 건물에 모셔져 있다. 나머지 3명은 각각 1개의 사당에 모셔져 있어 모두 5개의 사당밖에 없다.

제사 때는 왕이 육상궁의 재실에 나와서 대기하기도 했다. 대문을 열고 들어서면 정면에 보이는 건물이 송죽재(왼쪽)와 풍월헌(오른쪽)이다. 정면 8간 측면 3간으로 돼 있으며 송죽재와 풍월헌이라는 현판 두 개가 동서에 걸려 있다. 송죽재와 풍월헌 뒤편으로는 안채 격인 삼락당이 있다. 삼락당은 정면 7간, 측면 3간의 팔작지붕 기와집으로 지어졌다. 이들 건물은 조선 민가의 소박하고 아름다운 건축미를 보여 주는 것으로 평가된다.

냉천정은 영조가 어머니의 제삿날에 나와서 몸을 깨끗이 하고 정성

을 가다듬어 제사를 준비하던 집으로 육상궁·연호궁 경역과 대빈궁·경 우궁 사이에 자리 잡고 있다. 1725년에 육상궁과 더불어 건립된 것으로 추정된다. 두 칸은 온돌방, 동편 한 칸은 대청으로 돼 있다. 제사 때는 냉천정의 뒤편에 있는 냉천이라는 우물물을 사용했다. 냉천의 벽면에는 1727년에 영조가 쓴 냉천과 냉천정에 대한 오언시五言詩가 새겨져 있다. 냉천정의 앞마당에는 자연紫淵이라고 새겨진 직사각형 모양의 연못이 있다. 이 연못은 냉천에서 흘러나오는 물을 모아 만든 것이다.

영조는 궁궐에서 물 깃는 무수리였던 자신의 어머니 숙빈 최씨를 위 해 사당을 짓고 제사를 지내 아들로서의 소임을 다했다. 가히 영조의 효 성을 알 수 있게 한다.

영조 3년(1727년)에 새겨진 비문의 내용을 보면 다음과 같다.

냉천이 옛날에는 중국 항주의 영은산에 있었고
오늘은 이곳 정자에 있구나!
두 손으로 맑은 물을 어루만지니
차가운 샘물이 가히 좋구나!

 육상궁 재실 뒷모습. 왼쪽이 송
죽재이고 가운데가 풍월헌이고
오른쪽이 안채 격인 삼락당이다.
이렇게 보니 팔작지붕인 것을 확
실히 알 수 있다.

육상궁 재실 추녀.

재실 안채인 삼락당을 뒤에서 본
모습이다. 삼락당 뒤에는 청와대
영빈관이 있다.

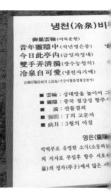

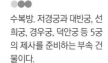
●●● 수복방. 저경궁과 대빈궁, 선희궁, 경우궁, 덕안궁 등 5궁의 제사를 준비하는 부속 건물이다.

●●● 냉천정.

●●● 냉천 비문.

제사를 모시기 전에 목욕재계하는 영조의 모습에서 어머니 숙빈 최씨를 향한 애틋한 마음을 느낄 수 있다.

자, 이제 칠궁 안 문들을 살펴보자. 문이란 참 요상한 기능을 가지고 있다. 문은 여닫이건 미닫이건 간에 문틀과 문짝으로 구성돼 있다. 문틀의 빈 공간을 두고 문짝이 열렸다 닫혔다 하며 그 기능을 한다. 문틀의 빈 공간이 있기 때문에 기능을 다할 수 있다. 빈 공간을 통해 소통이 이루어진다. 출입문 없는 건물을 생각할 수 없고 성문 없는 성을 생각할 수 없다. 역설적이지만 비어 있는 공간이 있기 때문에 만물이 화합할 수 있다.

●●● 칠궁 옆문.

●●● 육상궁으로 들어가는 내삼문.

냉천정의 앞마당에 자연이라고 새겨진 직사각형 모양의 연못이 있다. 이 연못은 냉천에서 흘러나오는 물을 모아 만든 것이다.

저경궁, 대빈궁, 선희궁, 경우궁, 덕안궁으로
들어가는 내삼문.

삼락당 출입문.

저경궁, 대빈궁, 선희궁,
경우궁, 덕안궁의 출입문.

영조 어머니를 모신 육상궁

육상궁毓祥宮과 연우궁은 영조의 생모와 영조의 후궁 신위를 모신 사당이다. 제사를 준비하는 이안청이 동서 양쪽에 있고 출입문도 장엄하게 지어졌다. 육상궁과 연우궁은 한 건물을 쓰고 있다. 모두 3칸으로 돼있는 육상궁은 연우궁과 함께 있어 없는 것처럼 보인다. 왼쪽 칸이 숙빈 최씨를 모신 육상궁이고 오른쪽 칸이 정빈 이씨를 모신 연우궁이며 가운데는 빈 공간이다. 육상궁은 원래 숙종의 후궁이고 영조의 생모인 숙빈 최씨의 사우가 있던 숙빈묘였다. 육상은 복을 기른다는 뜻이다. 어머니가 자신을 키워 왕으로 만들었다는 뜻이라 할 수 있다.

효장세자 어머니를 모신 연우궁

연우궁延祐宮은 영조의 후궁으로 효장세자孝章世子의 어머니인 정빈 이씨의 신위를 모신 사당이다. 효장세자는 어린 나이에 세상을 떠났으나 뒷날 왕으로 추존돼 진종眞宗이 됐다. 영조는 1724년 즉위하면서 정빈 이씨를 빈으로 봉했다. 연우궁은 원래 경복궁 북부 순화방順化坊에 세워졌으나 고종 7년(1870년)에 육상궁에 합사됐다. 건축양식은 정면 3간 측면 3간의 목조건물이며 겹처마에 맞배지붕이다.

칠궁은 육상궁과 연우궁이 한 울타리 안에 있고 경우궁, 대빈궁, 선희궁, 저경궁, 덕안궁 등 나머지 5개궁이 한 울타리 안에 있다.

그런데 연우궁의 현판이 틀렸다. 연우

궁이 아니라 연호궁이라 표기하고 있다. 현판의 한자도 '우祐' 자를 '호祜'
로 표기했으며 입간판에도 연호궁이라고 표기했다. 궁궐의 현판 등 재
산관리를 총괄하는 문화재청 홈페이지와 백과사전 등에는 효장세자를
낳은 정빈 이씨의 신위를 모신 사당에 대해 연우궁이라고 표기하고 있
다. 이에 대해 문화재청은 현판을 달 때 '祐' 자와 '祜' 자가 비슷해 혼돈
한 것 같다고 밝혔다. 문화재청은 옛 궁궐과 문화재에 이렇게 잘못된 표
기가 많아 바로잡기 위한 작업을 벌이고 있다.

순조의 어머니를 모신 경우궁

경우궁景祐宮은 정조의 후궁으로서 순조를 낳은 수빈 박씨의 신위를
모신 궁이다. 수빈은 순조 20년(1820년)에 세상을 떠났다. 이듬해 신주
를 창경궁 안 건물에 모시고 현

사궁이라 이름 지었다. 이후 현

재의 종로구 계동인 양덕방에

따로 묘를 세우고 이름을 경우

궁으로 지어 신주를 모셨다. 이

후 갑신정변을 겪으면서 현재의

옥인동인 인왕동으로 옮겨졌다

가 1908년에 다른 궁과 함께

육상궁 안으로 옮겨져 현재에

이르고 있다.

경우궁과 선희궁도 하나의 건물
이다. 현판에는 경우궁으로 돼
있다.

장조의 어머니를 모신 선희궁

선희궁宣禧宮은 영조의 후궁이며 죽은 후 왕의 칭호를 받은 장조를 낳
은 영빈 이씨의 신위를 모신 궁이다. 장조세자思悼世子는 영조의 둘째 아

들로 세자에 정해졌으나 영조의 미움을 받아 28세에 세상을 떠났다. 영
빈이 영조 40년(1764년)에 세상을 떠나자 백운동에 묘를 세워 의열묘라
이름 지었다. 정조 12년(1788년)에 묘의 이름을 선희궁으로 바꾸었고,
고종 7년(1870년)에 육상궁에 옮겨져 있다가 백운동으로 다시 돌아갔
다. 1908년에 다른 궁들과 함께 다시 육상궁 안으로 옮겨져 현재에 이
르렀다.

경종의 어머니를 모신 대빈궁

　대빈궁大嬪宮은 숙종肅宗의 후궁이자 경종景宗의 생모인 희빈 장씨의
신위가 모셔진 사당이다. 희빈 장씨는 인현왕후 민씨를 폐비시키고 후
궁으로는 유일하게 왕후에까지 올랐다가 5년 만에 다시 폐비가 돼 사약
을 받았다. 그 후 경종 2년(1722년)에 옥산부대빈玉山府大嬪으로 추존돼
지금의 낙원동에 해당되는 경행방慶幸坊에 사당을 세웠다가 고종 7년
(1870년) 육상궁으로 옮겼다. 1887년 원래 자리로 되돌렸다가 순종 2년
(1908년) 다시 육상궁 안으로 옮겼다.

원종의 어머니를 모신 저경궁

　저경궁儲慶宮은 선
조宣祖의 후궁 인빈
김씨의 신위를 모신
사당이다. 인조仁祖
의 생부인 추존왕 원
종元宗의 옛날 집이
자 인조가 왕위에 오
르기 전에 살던 집으

●●●
대빈궁과 저경궁.
희빈 장씨의 신주를 모신 대빈궁
(가운데)과 인빈 김씨의 신주를 모
신 저경궁(왼쪽)이다. 오른쪽은
경우궁이다. 오른쪽 처마 끝만 보
이는 건물이 덕안궁이다.

로 지금 중구 남대문로 3가인 회현방會賢坊 송현松峴에 있었다. 이름 역시 송현궁이었는데 영조 31년(1755년) 원종의 생모인 경혜유덕인빈김씨敬惠裕德仁嬪金氏의 위폐를 봉안하고 향사享祀하면서 저경궁으로 고쳤다. 이후 1870년 경우궁의 별묘로 위폐를 이안移安했다가 1886년 경우궁이 옥인동으로 이건되면서 함께 옮겼으며 1908년 다시 육상궁으로 이안했다.

영친왕의 어머니를 모신 덕안궁

덕안궁德安宮은 고종의 후궁이자 영친왕 이은의 생모인 순헌황귀비 엄씨의 위폐를 봉안한 사당이다. 엄씨는 1897년 영친왕을 낳으면서 귀인으로 책봉된 뒤 1903년 순헌황귀비 칭호를 받았다. 이때부터 경운궁 안 명례궁明禮宮 터에 경선궁慶善宮을 세우고 이곳에서 살다가

●●●
덕안궁이다.

1911년 7월 사망한 뒤 이름을 덕안궁으로 고쳤다. 이후 1913년 지금의 태평로1가에 새로 궁을 짓고 엄비의 묘우廟宇라 해 이름을 덕안궁으로 했다. 1929년 7월 덕안궁을 육상궁으로 옮겨 현재 종로구 궁정동의 칠궁 안에 있다. 이전까지만 해도 육궁이라 하다가 덕안궁이 옮겨 오면서 비로소 칠궁이라 하게 됐다.

청와대를 병풍처럼 감싸고 있는 서울 성곽

태조 이성계는 송도에서 조선왕조를 개국한 뒤 한양 천도를 위해 궁궐과 종묘를 축조했다. 태조 4년(1395년) 9월에 신도축성도감新都築城都監이라는 임시 기구를 설치한 뒤 정도전으로 하여금 성터를 측정토록 했고 도성의 축조 위치는 백악白岳, 인왕仁旺, 목멱木覓, 낙산駱山으로 이어지는 선으로 했다.

태조 5년(1396년) 1월 9일부터 2월 28일까지 49일 동안 동북면의 함경도, 강원도, 경상도, 전라도, 서북면의 평안도의 민정 11만 8,070명을 동원해 산지에는 석성으로 평지는 토성으로 쌓았고 동대문 지역과 성문을 제외한 성벽을 완성했다. 성벽은 면석으로 사용된 석재의 규격이 1척尺 내외로 비교적 작고 거칠게 가공한 석재를 사용해 난석亂石 쌓기에 가깝게 축조했다.

2차 공사는 이해 8월부터 경상도, 전라도, 강원도의 민정 7만 9,400명을 동원해 이루어졌다. 동대문 구역과 4대문 및 4소문을 완성했으며 성곽 공사는 대부분 끝마쳤으나 남대문은 1396년에, 동대문 옹성은 이듬해 4월에 완성했다.

세종 4년(1422년)에 도성축조도감을 설치했다. 전국에서 32만 2,400명의 민정을 동원해 평지 토성을 전부 석성으로 개축하고 성곽 높이를 보강했으며 여장을 완비하는 등 청계천 하류의 수문 부족을 해소했다. 장방형으로 잘 가공된 마름돌을 사용했고 하부는 큰 장대석을 설치했으며 상부로 갈수록 작은 석재로 정연하게 쌓았다.

숙종 30년(1704년)부터 도성 수축이 이루어져 숙종 36년(1710년)에

북악산 정상에서 서쪽을 바라본 모습이다.

숙정문 쪽에서 북악산 정상 쪽으로 가면서 성곽을 본 모습이다.

완료했고 이 기간 동안 오군문五軍門인 금위영禁衛營, 어영청御營廳, 훈련

도감訓練都監, 수어청守禦廳, 총융청摠戎廳에서 맡아 성곽 개축을 수행했

다. 이때 가로세로 2척인 정방형의 면석을 사용했다.

이후 영조 21년(1745년)에는 삼군문三軍門(훈련도감, 금위영, 어영청)에서 개수했고, 고종 6년(1869년)에는 지반이 낮은 동대문을 8척 정도 높여 개축했다.

일제는 '경성시구역개수계획京城市區域改修計劃' 아래 성곽이 도시 발전을 저해한다고 하면서 성문과 성곽을 허물었고, 그 후 서울의 발전과 함께 서울 성곽도 심한 변화를 겪었다.

서울 성곽의 모습은 어떻게 변했을까? 시내의 성곽은 대부분 멸실되고 인왕산, 북악산, 남산 지역의 성곽만 남았다. 성곽의 길이는 약 18.2킬로미터이고 1975년부터 복원을 시작했다. 유실된 부분은 서대문~인왕산 구간, 혜화동 서쪽, 광희문 남쪽 등이었다. 완전히 없어져 멸실된 부분은 숭례문~소의문~돈의문 구간과 흥인지문 주변 등이다.

서울 성곽은 1963년 1월 21일 사적 제10호로 지정됐으며 지정 면적은 46만 7,922제곱미터(약 18.2킬로미터)다. 문화재청은 서울의 중심부를 둘러싸고 있는 대표적인 문화유산인 서울 성곽을 2006년부터 2015년까지 옛 모습대로 재현해 역사·문화 환경을 보존키로 했다.

성곽 위의 눈이 아직 녹지 않은
2월의 북악산 모습이다.

2006년 2월 12일 북악산 시범 등산 때 기자들이 산을 오르고 있다.

산을 내려가고 있다.

●●●
눈 덮인 성곽.

●●●
산 능선 위의 성곽 모습이 뱀이 지나가는 것 같다.

북악산에서 본 평창동. 북한산이 저 멀리서 어서 오라고 손짓하고 있다.

●●●
북악산에서 본 경복궁 등 서울 시내. 맑은 날씨다. 사진은 오전이라 빛을 마주 보고 촬영할
수밖에 없어 뿌옇고 침침하게 보인다.

청와대 뒷산 북악산

서울 성곽(사적 제10호) 중 청와대 뒷산인 북악산 지역은 1968년 1·21 사태 이후 근 40여 년 동안 경호상의 이유로 일반인의 출입이 전면 통제돼 왔다. 이후 1973년 12월 31일 군사시설 통제 강화로 경계용 철책이 설치됐다. 그러다가 1993년 김영삼 대통령의 문민정부가 들어서면 인왕산 지역을 일부 개방했다.

청와대 뒤 북악산은 2006년부터 개방 계획이 추진됐다. 그리고 2022년 들어 마침내 전방 개방됐다.

개방 과정을 살펴보면 다음과 같다.

- 2006년 4월: 홍련사~숙정문~촛대바위 구간(1.1킬로미터) 부분 개방.
- 2007년 4월: 와룡공원~숙정문~청운대~백악마루~창의문 구간 (4.3킬로미터) 전면 개방.
- 2019년 4월: 개방된 북악산 한양도성을 좀 더 자유롭게 이용할 수 있도록 신분 확인 절차를 생략하고 개방 시간을 확대.
- 2020년 11월: 성곽 북측 면과 청운대~곡장 구간 외측 탐방로(군부대 철책을 제거) 개방.
- 2022년 4월: 54년 만에 청와대 건물 뒤편의 북악산 남측 면까지 전면 개방.

정부는 개방 과정을 진행하면서 2007년 북악산 일원을 '사적 및 명승'으로 지정했다.

청와대 개방은 문민정부 시절 청와대 앞길을 국민의 품으로 돌려준

것이 시발점이다. 그리고 이제 북악산까지 국민의 품으로 돌아와 그동안 통제됐던 땅덩이가 모두 예전으로 환원됐다.

북악산 첫 개방에 앞서 2006년 2월 12일 서울 토박이 100여 명과 함께한 북악산 시범 등산이 있었다. 당시 대통령은 "정상에 올라 경치가 수려한 북악산을 혼자 독차지하는 것이 국민들에게 미안해 국민에게 돌려주기로 결심했다"고 말했다.

이날 대통령을 안내해 북악산을 등산했던 유홍준 당시 문화재청장은 정상에서 "서울 사람들 중에 3대 이상 서울에 살아온 알토박이는 4만 명 정도인데 그들에게 북악산 개방은 더욱 뜻깊은 것입니다. 왜냐하면 어려서 뛰놀던 놀이터가 어느 날 갑자기 보안상 이유로 전면 통제됐

2006년 문화제청이 복원하려고 했던 서울 성곽 가상도.

기 때문이죠"라고 했다.

북악산은 2006년 4월부터 제한적으로 일반에 공개됐다. 그 후 십수 년 만에 청와대와 잇닿은 뒷산까지 완전히 개방된 것이다. 사람이 드나들지 않는 공간은 살아 있다고 할 수 없다. 국민이 자유롭게 왕래할 때 진정으로 살아 숨 쉬는 곳이 된다.

이제는 신분증이 없어도 언제든 자유롭게 북악산에 오를 수 있지만 계절에 따라 입산 가능 시간에는 조금씩 차이가 있다. 또한 북악산 탐방로에 가려면 안내소에서 입산 비표를 받아야 한다. 비표는 등산 시 목에 걸고 있어야 하며, 돌아갈 때는 다시 반납해야 한다. 이밖에 자세한 유의 사항은 한국문화재재단(www.chf.or.kr) 홈페이지에서 확인할 수 있다.

북악산은 오랫동안 자연림으로 보존되었기에 산불 발생 위험이 크다.

성 벽돌에 새겨진 공사 책임자의 이름과 직책 및 날짜. 조선시대에는 성벽 공사에 대한 실명제를 통해 성벽을 관리했음을 알 수 있다.

천하제일복지天下第一福地.
1989년 대통령 관저 대지 조성 중 발견됐다. 조선 중기인 300~400년 전쯤 각자刻字된 것으로 추정된다.

백석동천白石洞天(사적 제462호).
흰색의 바위와 암반들이 있어 백석동천으로 이름 지어졌다.

만세동방 성수남극萬世東方 聖壽南極.
동방이란 동방삭에서 유래했고, 수남극은 노인성老人星으로 무병장수無病長壽를 의미한다.

영월암影月岩.
북악산 백련봉白蓮峰 아래 석벽에 각자돼 있으며, 조선 중기 청백리인 연봉蓮峰 이기설(1558~1622)의 거처였다.

따라서 인화 물질 휴대를 금지하고 있으며, 사진 촬영이 금지된 위치도
있으니 주의해야 한다.

- 북악산 개방 시간
  겨울(11월~2월): 09:00~17:00(15시까지 입산)

봄가을(3~4월/9~10월) : 07:00~18:00(16시까지 입산)

여름(5~8월): 07:00~19:00(17시까지 입산)

숙정문

삼청터널 상단 능선 위에 자리한 숙정문은 흥인지문(동대문), 돈의문 (서대문), 숭례문(남대문)과 함께 서울 성곽 4대문의 하나로 속칭 북대문 北大門이다. 서울 성곽의 다른 문과 같이 조선 태조 5년(1396년)에 창건 됐다.

연산군 10년(1504년)에 원래의 위치에서 약간 동쪽인 지금의 자리로 옮겨졌는데 이때 무지개 모양의 홍예虹霓로 된 석문石門만 세우고 문루 門樓는 세우지 않았다. 현재의 숙정문은 태조 때 문루가 건축됐다는 것 을 근거로 이를 복원한 뒤 1975년 숙정문이라는 현판을 걸었다. 숙정문 은 종로구 삼청동 산 2-1 서울 성곽 내 있으며 정면은 3간 측면은 2간으 로 이뤄졌다.

정도전은 조선 초 한양의 성문과 중앙의 종루 이름을 사람이 살아 가면서 늘 지켜야 할 다섯 가지 도리, 즉 인仁 의義 예禮 지智 신信의 오상 五常(또는 오행五行)을 기준으로 건립했다.

• 인 ⇒ 흥인지문興仁之門(동대문, 낙산駱山, 좌청룡)

• 의 ⇒ 돈의문敦義門(서대문, 인왕산仁旺山, 우백호)

• 예 ⇒ 숭례문崇禮門(남대문, 남산南山 다른 표기 목멱산木覓山, 남주작)

- 지 ⇒ 숙정문(肅靖門, 북대문, 북악산北岳山 다른 표기 백악산白岳山, 북 현무)
- 신 ⇒ 보신각普信閣(중앙종루, 황룡)

태조 때 도성을 처음 쌓고 성문들에 이름을 붙일 때는 숙청문肅淸門이었다. 연산군 10년에 이건해 홍예 석문石門을 만들면서 숙정문肅靖門으로 바꾸어 불렀다. 정靖은 좋은 계책을 생각한다는 뜻으로 지혜(智)를 의미한다. 연산군 다음 중종 연간에는 북문의 이름이 줄곧 숙정문으로 기록돼 있다. 그것이 17세기 이후에는 숙청문과 숙정문이 뒤섞여 쓰이기는 하지만 『대전회통』과 같은 공식적인 기록에는 숙정문으로 나오는 것으로 보아 공식 명칭은 숙정문으로 보는 것이 옳다. 숙정문에 대한 문헌속 기록을 살펴보면 다음과 같다.

- 풍수지리설: 조선 초의 기록을 보면 풍수설과 음양설에 따라 숙정문을 닫아 두었거나 열어 놓기도 했다. 태종 13년(1413년) 6월에 풍수학자 최양선이 "풍수지리학상 경복궁의 양팔이 되는 창의문과 숙정문을 통행하는 것은 지맥을 손상시킨다"고 함에 따라 축조한 지 18년만에 길에 소나무를 심어 사람의 통행을 막았다.
- 음양오행설: 태종 16년(1416년)에는 기우절목祈雨節目을 만들어 가뭄이 심하면 숙정문을 열고 남대문을 닫았고, 비가 많이 내리면 숙정문을 닫고 남대문을 열게 했다.

가뭄이 심하면 먼저 종묘 사직과 명산名山 대천大川에 기우제를 지내고, 그래도 비가 오지 않으면 남대문을 닫고 숙정문을 열어 놓았다. 그리고 시장市場을 옮기고 보신각의 종을 치는 대신 쟁錚을 치게 했다.

숙정문 추녀마루에도 현장법사, 손오공, 저팔계, 사오정 등 잡상과 용머리가 자리를 잡고 사악한 무리의 침범을 경계하고 있다. 숙정문도 성문으로 건축 양식은 우진각이다. 지붕이 활처럼 휘어져 추녀 끝에서 모아졌다.

이는 북北은 음陰이요, 남南은 양陽인 까닭에 가물면 양을 억제하고 음을 부양하는 음양오행설에서 나온 것이다. 예종 때의 기록에도 몹시 가물면 종로의 시장을 구리개(현 을지로 입구)로 옮기고 남대문을 닫은 다음 북문, 즉 숙정문을 열게 한 뒤에 기우제를 지냈다고 했다.

• 풍습: 『동국세시기東國歲時記』에 보면 상원上元(음력 정월 대보름) 전에 민가의 부녀자들이 세 번 숙정문에 가서 놀면 그해의 재액을 면할 수 있다는 말이 전해 온다고 했다. 숙정문 부근의 자연 풍경이 아름다워

숙정문 안에서 밖을 본 모습이다.

도성의 사녀土女들이 자주 이곳을 찾아와 놀던 일이 있었다는 것을
알 수 있다. 또 오래도록 비가 오면 숭례, 흥인, 돈의, 숙정문에 나가
서 비 개이기를 청하는 제사인 영제를 지냈다.

2006년 2월 12일 북악산 시범
등산 중 숙정문 개문 행사 모습
이다. 궁성문 개폐 의식을 옛날
모습으로 복원해 거행되고 있다.

궁성문 개폐 의식 전 모습이다.

성문 개폐를 위한 민속놀이를 하고 있다.

고수가 북을 치자 행사 참가자들이 성문 안으로 들어가고 있다.

공식 환영식과 의장 행사

공식 환영식은 외국 국가원수의 국빈 또는 공식 방문 때 행하는 국가 의식 행사다. 공식 환영식이 거행되는 장소는 주로 청와대 본관 대정원이었다. 그러나 비나 눈이 내리면 영빈관 1층 홀에서 간단하게 거행하기도 했다. 조선시대로 말하면 경복궁 근정전 앞뜰이다. 즉 '조정'은 왕과 신료들이 조례하는 곳이기도 하고 각종 국가 의식을 행하는 공식적인 장소이므로, 청와대 본관 대정원은 경복궁 등 옛날 궁궐의 '조정' 역할과 같았다.

공식 환영식에서는 육·해·공군과 해병대 의장대원으로 구성된 국방부 의장대와 국방부 군악대가 본관 앞에서부터 잔디밭까지 도열해 각국 정상들의 사열을 받는다.

의장대는 현대식 옷을 입은 의장대와 조선시대 군인의 전통 옷을 입은 전통 의장대로 구분된다. 군악대도 서구식 군악대 옷을 입고 서구 음악을 연주하는 군악대와 우리나라 전통 옷을 입고 전통 음악을 연주하는 취타대로 구분된다.

의장대와 군악대는 전통과 현대에 따라 복장에서뿐만 아니라 들고 있는 무기, 깃발, 악기가 모두 다르다. 현대식 복장을 한 의장대는 M16소총과 국방부, 육·해·공군, 주요 부대의 깃발을 든다. 반면 전통 의장대는 전통 칼을 들고 조선시대 장군복을 입는다. 또 전통 의장대와 취타대 맨 앞에 서는 사람들은 조선시대 어가 행렬에서 왕권을 상징하는 청룡과 백호 등으로 만들어진 다양한 문양의 의장기를 들고 있다.

그런데 전통 의장대가 국방부에 만들어진 것도 대통령 집무실인 청와대 본관이 신축된 것과 같이 43년이나 지난 1991년이 돼서야 가능

공식 환영식이 시작되고 있다. 청와대 본관의 문이 열리고 대통령이 나오기 직전 경호관이 긴장하고 자리를 옮기려 한다.

전통 의장대가 본관 앞에 도열해 있다. 이곳은 공식 환영식이 시작되는 곳으로 우리 전통의 모습으로 외국 정상을 처음 맞이하는 곳이다. 대통령은 외국 정상이 도착하기 바로 전에 정면에 보이는 본관 문을 열고 나와 외국 정상을 맞이하고 붉은색 카펫을 따라 이동한다.

했다. 전통 의장대가 만들어진 배경은 노태우 대통령이 1991년 미국 순방 때 미국의 전통 의장대를 보고 돌아온 뒤 그해 9월 국방부 의장대에 전통 의장대를 창설할 것을 확정했다. 그렇게 해서 10월 22일 몽골 대통령 방한 환영 행사에서 첫선을 보였다. 그 후 두 차례의 증편을 거쳐 3개 소대 60여 명으로 구성된 현재의 모습을 갖추게 됐다.

전통 의장대의 모습은 조선시대 친위대에서 따왔다고 한다. 조선시대 친위대는 국가 의식 행사와 왕의 어가 행렬 때 호위나 의장수 역할을 맡아 온 군병 제도다. 이들 친위병은 무술 재능은 물론 용모, 학식, 경력, 신장 등을 두루 갖춘 인재였으며 행사 때마다 규모에 따라 의장병을 징발해 운용했다.

전통 의장대 모습.

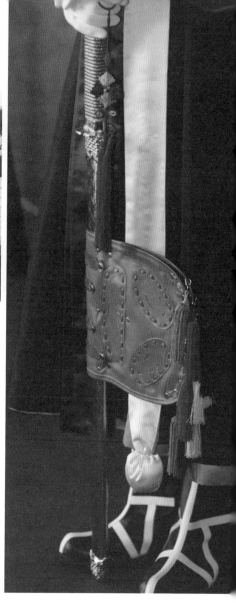

어피.
의장대원들이 들고 있는 칼집에 부착된 가죽 문양을 어피라고 한다. 왕이 들고 다니는 어도나 왕과 왕비를 호위하던 군사들의 칼집에 부착했다.

　지금도 전통 의장대원이 되기 위해서는 체력과 용모는 물론 건강한 정신과 투철한 도전정신이 필요하다는 것이 의장대 관계자의 말이다. 국가 중요 행사 때 항상 맨 앞에 나서는 만큼 한 치의 오차도 발생하지 않도록 고된 훈련을 소화해 내야 하기 때문이다.

　이들이 입는 복장은 철저한 고증을 거친 조선시대 군복이지만 현대적 이미지와 활동의 편의성을 가미했다. 옛날 군복이라고 불리는 융복戎服(조선시대 문관이 평소 입던 옷)의 상의격인 철릭을 간소화하고 허리 부분의 주름을 없애는 등 활동의 편의성을 강조한 한편 그 위에 다시 반비(소매가 없거나 짧은 옷)를 덧입어 위엄을 갖췄다.

　복장과 함께 눈길을 끄는 것은 전통 의장대원들이 들고 있는 의장기다. 이는 조선시대 임금의 행차 때 사용되던 기로 군기인 오방기와 의장기인 육정기로 구분된다.

청와대 앞 잔디밭에 외국 정상을
환영하기 위해 육·해·공군, 해병
대 및 여군 의장대, 군악대, 취타
대가 도열해 있다. 양국 정상은
단상에서 양국 국가에 대한 예
를 마친 뒤 정상에 대한 경례를
받고 왼쪽 대각선의 카펫을 따라
의장대 앞을 지나며 의장대를 사
열한다.

전통 기수단, 취타대, 전통 의장
대, 육·해·공군, 해병대 의장대가
의장 행사를 하고 있다.

※ 외국 의장대 공식 환영 모습

●●● 그리스 의장대원들의 공식 환영식.

●●● 나이지리아 의장대원들의 공식 환영식.

●●● 루마니아 의장대원들의 공식 환영식.

알제리 의장대원들이 대통령궁에서 열린 공식 환영식에서 도열해 있다.

우즈베키스탄 의장대원들이 대통령궁에서 열린 공식 환영식에서 도열해 있다.

이집트 의장대원들의 공식
환영식.

오방기는 동서남북과 중앙을 가리키는 청룡, 백호, 주작, 현무, 황룡
등 다섯 개의 깃발이다. 오방기는 무를 상징해 깃봉에 창을 달았다. 이
중 청룡기는 진영의 왼편 문에 세워져 좌군·좌영을 지휘하는 데 쓰였고
백호기는 오른편 문에 세워져 우군·우영을 지휘하는 데 쓰였다. 주작기
는 전군·전영을, 현무기는 후군·후영을, 황룡기는 우주 공간을 방위하며
중앙을 의미한다.

육정기는 12지신 중 의로운 여섯 신하를 표상으로 문을 상징하는 붓

을 깃봉으로 사용했다. 정해(돼지), 정사(뱀), 정축(소), 정유(닭), 정묘(토
끼), 정미(양) 등 여섯 동물을 상징하는 깃발로 구성됐다. 여기에 북두칠
성기, 유린대기, 금자기, 백학기, 백택기, 병봉기, 기귀인선기, 좌독기, 삼
각기, 적봉기 등 조선시대 임금 행차 때 사용했던 의장기들도 함께 사용
된다.

의장대원들은 의장대장의 지시에 따라 행사가 시작되기 전 양국 정상
이 지나갈 때 예를 갖추는 연습을 한다. 여기서 의장대장과 의장대원들

의 옷에서 다른 점을 볼 수 있다. 의장대장은 왕권을 상징하는 용 문양이 새겨진 겉옷을 입고 칼 대신 지휘봉을 들고 있다. 반면 의장대원들은 칼과 우리 전통색인 오방색으로 만든 조선시대 군복을 입고 있으나 특별한 문양은 전혀 없다.

의장대원들의 옷은 드라마 〈불멸의 이순신〉에서 조선시대 장군들이 입은 복장과 매우 비슷하다. 국방부 의장대의 전통 복장은 조선시대 왕을 경호하던 친위대의 복장이 아니라 조선 장군복장이다. 이는 장군복이 군인 복장 가운데 우리 전통의 오방색으로 가장 아름답게 표현됐기 때문이라고 한다. 오방색은 청靑, 황黃, 홍紅, 백白, 흑黑의 다섯 가지 색깔을 말한다. 신발부터 머리에 쓴 모자까지 이 다섯 가지 색깔에서 벗어나지 않는다. 이는 우리 선조들이 색깔마저 우주 만물의 생성과 변화를 설명하는 원리로 생각했다는 것을 알 수 있다. 이들 색깔은 방위로 표시하면 왕의 색인 황을 중앙에 두고, 동쪽(왼쪽)은 푸른색으로 좌청룡이고, 서쪽(오른쪽)은 흰색으로 우백호이고, 남쪽(앞쪽)은 붉은색으로 남주작이고, 북쪽(뒤쪽)은 검은색으로 북현무이다.

전통 의장대와 취타대가 들고 있는 의장 깃발은 조선시대 왕권을 상징하는 청룡과 백호와 12지신 등 전통 문양으로 만들어져 있다. 의장기는 문관과 무관을 나타낸다. 문관은 12지신 중 여성을 의미하는 소, 토끼, 뱀, 양, 닭, 돼지 등 6가지 동물로 의로운 신하를 뜻한다. 무관은 전후좌우와 중앙 등 5가지 방위 즉 동서남북을 의미하는 청룡과 백호, 주작, 현무에 중앙을 뜻하는 황룡이다. 어느 곳에서도 '최고 통치자'의 안전을 지켜야 하기 때문에 이런 의미를 부여했을 것이다. 의장기는 조선시대 왕실 행사에 문무를 표시하는 의장기로 사용했으며, 지금까지 이어져 국가 의식 행사에서 사용되고 있다.

전통 의장대 복식 및 의장기

전통 의장대장과 취타대장의 옷에는 청룡과 황룡이 새겨져 있다. 왕이 아닌 사람이 곤룡포袞龍袍를 입는 것이다. 조선시대에는 있을 수 없는 일이다. 하지만 오늘날에는 국가 행사임을 상징하기 위해 전통 의장대장과 취타대장에게 용이 새겨진 옷을 입게 했다고 한다.

취타대 모습이 가장 옛것에 가깝게 복원된 옷이다. 취타대 복장도 선의 유려함이 현대적 미에 맞춰 변형됐다. 이같이 국가의 중요 행사에서 화려하게 멋을 부린 우리 옷들은 옛것을 계승·발전시켰다고 볼 수 있다.

조선시대까지만 해도 옷은 신분을 나타냈다. 심지어 머리에 쓰는 갓의 크기에 따라 양반과 중인이 구분됐다. 평민은 아예 갓을 쓰지도 못했다. 또 옷의 색깔과 문양으로 신분을 구분했다. 그러나 오늘날에는 옷의 외형만 가지고는 신분을 구분할 수 없다.

공자는 『논어』「팔일편八佾編」에서 자신의 정원에서 팔일무八佾舞를 추게 한 계씨季氏에게 "뜰에서 여덟 줄로 춤추게 하니 이것을 차마 할 수 있다면 무엇인들 차마 하지 못하겠는가孔子謂季氏 八佾舞於庭 是可忍也繁熟不可忍也"라고 꾸짖는다.

계씨는 노나라 3대(맹손씨, 숙손씨, 계손씨) 집안 중 하나로 『논어』「위정편爲政編」에서 공자께 백성으로 하여금 존경과 충성 그리고 자신을 위해 열심히 일하게 하려면 어찌하면 되겠는가? 하고 물어본 계강자季康子이다. 제후인 계씨가 분수를 파악하지 못하고 천자天子에게나 출 수 있는 팔일무를 자신의 뜰에서 추게 한 것이다. 당시 여럿이 춤을 추는 군무群舞의 경우 신분에 따라 그 수가 정해 졌다.

천자는 세로 행行 8줄, 가로 열列 8줄 모두 64명이 추는 팔일무를 추

오른쪽은 의장대가 예를 올리기 전의 모습이고 위쪽은 예를 올리고 있는 모습이다. 위쪽의 펼쳐진 깃발을 보면 왼쪽부터 청룡, 백호, 주작, 현무, 황룡 등 5방기와 소, 토끼, 뱀, 양, 닭, 돼지 등 6정기가 나열돼 있음을 볼 수 있다.

었다. 제후諸侯는 육일무六佾舞(6×6, 36명), 대부大夫는 사일무四佾舞(4×4, 16명), 선비는 이일무二佾舞(2×2, 4명)를 추었다. 또 옷에 들어가는 무늬 수도 천자는 12개, 제후는 9개, 대부는 5개 등으로 신분에 따라 결정됐다. 이를 분수分數라고 한다.

조선시대 복식은 대부분 정형화돼 비슷했다. 따라서 의복에 사용된 문양, 소재, 장신구 등과 같이 미묘한 부분에서 차이를 두어 신분을 표현했다. 국가의 에서 왕, 왕비, 관리들은 겉옷으로 새긴 문양과 색깔로 신분을 나타냈다.

용 문양은 왕실에서만 쓰였다. 다섯 발톱이 있는 용은 왕과 왕비의 옷과 기물에 사용했다. 네 개 발톱이 있는 용은 왕세자, 발톱이 세 개인 용은 왕세손에게만 허용됐다.

문관은 학 문양 흉배를 하고 무관은 호랑이 문양 흉배를 관복의 가슴과 등에 부착했다. 학과 호랑이의 숫자가 많을수록 높은 지위를 나타냈다. 색채도 신분을 상징하는 목적으로 활용됐다. 황색은 황제, 대홍색은 왕, 자색은 왕세자, 자주색과 남색과 녹색 등은 관리들의 품계에 따라 착용했다.

고종은 대한제국을 선포하고 연호를 다시 쓰면서 옷의 색깔도 대홍색에서 황색으로 바꿔 입었다. 왕이 입었던 관복으로는 면복, 곤룡포, 강사포, 제복 등이 있으며 여기에 착용하는 모자와 신발도 다르게 착용했다.

그런데 취타대장이 입은 곤룡포에 새겨진 용의 발톱 수를 세어 보니 4개다. 사진으로 전통 의장대장의 옷을 확인할 수 없지만 아마도 용 발톱이 4개인 것 같다. 용 발톱이 4개면 왕세자가 입어야 하는 것이다. 대통령을 왕으로 상징했다면 발톱이 5개여야 하는데, 정확한 고증이 되지 않은 것 같다.

예전에는 입는 옷의 모양, 색깔, 문양을 통해 신분 구별을 했다. 이는

위쪽에 있는 5방 6정기 전통 기수단을 뒤에서 촬영한 모습이다.

태극기와 국방부와 육·해·공군 3군기로 이뤄진 현대식 의장 기수단.

● ● ●
육군과 여군 의장대.

● ● ●
공군 의장대.

● ● ●
해군·해병 의장대.

● ● ●
전통 의장대.

● ● ●
현대식 국방 의장대.

● ● ●
전통 취타대.

영조 어진에서 볼 수 있는 바와
같이 영조가 입고 있는 곤룡포의
가슴과 어깨에 새겨진 용의 발톱
은 5개다(국립고궁박물관 제공).
하지만 국방부 취타대장이 입
고 있는 곤룡포에는 용의 발톱이
4개이다.

일종의 통치 수단이었다. 신분의 변동이 거의 이루어지지 않았던 시대
에는 신분을 구분하는 것이 사회질서를 유지하는 중요한 수단이었을 것
이다.

전통 의장대와 취타대의 복식

옷에 대한 규정은 용도에 따라 구체적으로 나뉜다. 경축일에 임금에
게 하례를 하거나 중국 사신 영접 등의 의식을 거행할 때 입는 조복朝服,
제사 드릴 때 입는 제복祭服, 사은賜恩 등 공식 행사에서 입는 공복公服,
평상시 근무하면서 입는 상복常服, 집에서 입는 사복私服 등으로 나누었
다. 「예전」 '의장' 조에서는 각각의 옷의 재질, 색깔, 무늬 등에 대해서도

자세하게 규정했다. 여기서 소개할 옷은 외국 사신들을 영접할 때 입는 옷으로 조복이다.

머리에 쓰는 모자 전립

전통 의장대가 쓰고 있는 모자는 '전립'으로 우리말로는 '벙거지'라고 한다. '전립'은 원래 군관이나 군졸의 군모를 가리켰다. 동물의 털로 만들어 부드럽지만 화살이 뚫지 못할 정도로 단단하다. 군관의 전립은 고급스러운 갓끈과 상모象毛라는 술이 달려 있어 높은 지위를 나타냈다. 군관의 고급스러운 군모는 벙거지라 부르지 않았다. 벙거지는 군졸의 보잘것없는 모자를 가리키는 말이다. 전립의 색도 전통 의장대장과 취타대장은 왕의 색에 가까운 자주색을 사용했고 깃은 황제의 색인 황색을 사용했다. 이에 비해 의장대원들은 검정색의 전립에 붉은 깃을 사용했다. 옛날에는 색으로 신분과 계급을 구분했다.

취타대원이 쓴 모자는 '초립草笠'이라고 한다. '초립'은 조선 전기의 패랭이平凉子에서 기원했다. 고려시대까지 일반적인 모자였던 삿갓을 모정으로 하고 아래에 넓적한 양태를 두른 것이 패랭이다. 패랭이는 점차 갓과 초립으로 분화됐다. 초립은 패랭이에서 갓으로 발전하는 중간 단계로 패랭이보다 원통 모양으로 솟은 대우와 아래쪽 양태의 모양이 선명해진 것이다. 패랭이의 모양은 약간 아래로 처진 듯하고 초립의 모양은 약간 위로 올라간 듯하다. 왕골이나 대나무를 재료로 하며 물감을 들이지 않아 담황색이다. 조선 초기에는 양반과 서인이 모두 착용했으나 갓이 발달함에 따라 주로 서인들이 사용하게 됐다. 초립동草笠童이란 말이 있는데 양반가에서 관례冠禮를 한 아이가 갓을 쓰기 전까지 초립을 쓴 데서 유래했다. 패랭이는 조선 후기에 이르면서 역졸과 보부상을 비롯한 천인들이 주로 착용하는 모자가 됐다.

겉옷 철릭

전통 의장대의 겉옷은 조선 무관의 평상 도포인 '철릭'이다. 사진에서 의장대장과 취타대장은 용 문양을 새긴 철릭을 입었으며 의장대원은 검은색의 철릭을 입고 있다. 철릭도 고려시대에서 유래했다. 원래 윗옷과 하상下裳을 따로 재단해 허리에서 치마 주름을 잡아 연결시킨 포로 군복의 일종이다. 조선 초기에는 윗옷과 하상의 비율이 거의 같았는데 후기로 갈수록 하상이 두 배 이상 됐다. 소매도 크게 넓어져 결과적으로 도포와 비슷해졌다.

철릭 안에 받쳐 입는 옷은 '전복戰服'으로 속옷인 동달이(동다리同多里라고도 함) 위에 입었다. '전복'은 답호 또는 작자綽子, 더그래, 호의號衣라고 부르는데 『문헌비고』에 의하면 반비半臂에서 나왔다. 전복의 형태는 깃, 소매, 섶이 없다. 단지 뒷 솔기의 허리 이하가 터진 점은 답호와 비슷하다. 그러나 전복은 답호에 비해 어깨너비와 진동선이 좁다. 전복은 무관이 동달이 위에 입었고 그 위에 전대를 매었다. 전복은 조선 철종 이후 능행 때 구군복을 착용하면서 점차 일반화됐다.

전통 의장대장과 취타대장의 전대는 왕실의 색인 붉은색이고 의장대원은 관리의 색인 청색이다. 신발은 마로 삼은 미투리다. 조선시대 상민들은 주로 짚으로 삼은 짚신과 마로 삼은 미투리를 신었다. 양반이라도 가난하거나 상중이거나 먼 길을 떠날 때는 짚신을 신었다. 관료와 양반들은 고급스런 가죽신을 신었는데 보통 검은색이기 때문에 흑피혜黑皮鞋라고 했다.

옷 색으로 신분 구분

오행 사상에 근거한 오방색은 조선시대의 기본색이다. 중앙은 황색, 동쪽은 청색, 서쪽은 백색, 남쪽은 적색, 북쪽은 흑색을 뜻하고 토土, 목木, 금金, 화火, 수水에 해당된다. 조선은 건국과 함께 왕권의 정통성과 권위를 확립하기 위해 색을 구별해 위계질서를 세웠다. 음양오행 사상에 바탕을 둔 중국의 색채 관념이 우리나라에도 영향을 주어 색에 순위를 매기고 특정 색을 사용하지 못하게 했다.

색은 정색正色과 간색間色으로 구분했다. 정색은 오방색인 황, 홍, 청, 백, 흑이며 간색은 정색을 배합해 만든 색이다. 정색과 간색을 섞어서 사용할 수 없었으므로 황색, 회색, 백색 옷을 입을 수 없었다. 『경국대전』「형전」 ‘금제조’에는 관인에게 홍색과 회색과 백색의 겉옷을 입지 못하게 했으며 흰 갓과 붉은 말안장 장식도 금지했다. 이를 어기면 장 80대로 처벌했다고 한다. 서민 남녀도 홍색과 자주색 옷을 입지 못하게 했으며 이를 어기면 역시 장 80대를 쳤다고 한다.

조선시대 초에는 백색 옷을 금지했다고 한다. 이는 오행 사상과 관련이 있다. 고려시대에도 우리나라가 동방에 위치한다고 해서 흰색을 금지했으며 이는 조선시대까지 이어졌다. 동방은 청색으로 나무(木)에 해당하는데 흰색인 쇠(金)에 제압당한다고 생각했다. 즉 당시 사람들은 흰색은 서쪽으로 중국에 제압당한다고 생각해 나라가 망할 징조라 고려가 망했다고 생각했다. 그래서 길복吉服이 아닌 상복喪服으로 흰색을 사용해 금지의 색이었다. 그럼에도 흰색 옷을 즐겨 입었던 것은 색깔 옷감을 만들기 위한 염료를 구하기 어려웠고 국상을 비롯한 상이 잦아 상복을 입어야 하는 일이 계속됐기 때문이라고 한다. 이같이 흰색 옷을 늘 입고 있어서 흰색이 우리 민족의 상징색이 됐다고 한다. 결과적으로 관인에게만 흰색 옷을 입지 못하게 하고 정병正兵과 서인庶人(백성)에게는 허용했다. 이에 자연스럽게 관인과 서인을 구별하고 차별할 수 있게 됐다고 한다.

중국 황제는 황색, 조선 왕실은 홍색, 관인은 청색, 서인은 백색 옷을 입었다. 오행에서 중앙에 해당되는 황색이 중국 황제의 옷 색깔로 정해진 뒤로 일반인의 황색 사용이 금지됐다. 조선은 명나라의 제도에서 2등을 내린다는 '이등체강원칙二等遞降原則'을 준수해 황색을 철저히 금지했다. 조선이 황색을 금지함에 따라 홍색을 왕실 색으로 규정하고 관리들에게도 홍색뿐만 아니라 홍색에 가까운 자주색도 입지 못하게 했다. 이에 관리와 유생은 회색과 옥색 등의 옅은 색조를 많이 썼는데, 관리들은 주로 청색을 사용했다. 우리 민족은 원래 백의민족이기 때문에 백색을 많이 사용한 것으로 알고 있다. 하지만 사실은 염료를 구하기가 어려웠을 뿐만 아니라 색으로 신분 구별을 해 일반 백성들이 아무 색이나 입을 수 없었기 때문이다.

국가 행사 때 거는 전통 깃발

2006년 2월 12일 대통령과 서울 알토박이들이 북악산 시범 등산을 했다. 북악산 시범 등산 중 숙정문 개방 행사에서 숙정문에 좌청룡, 우백호, 남주작, 북현무, 백학기가 걸려 있었다. 이날은 백학기가 황룡기 대신 방위의 중심에 배치됐다. 백학은 봉황을 뜻하는 것으로 왕을 상징한다. 이는 최고 통수권자가 우주의 중심에서 전후좌우에 군영을 거느리고 있음을 뜻했다.

청룡, 백호, 주작, 현무, 백학은 방위를 나타내는 것으로 최고 통치권자를 전후좌우 어디서나 호위하고 있음을 의미한다. 이날 행사에는 중앙의 봉황을 뜻하는 백학기가 황룡을 대신했다. 봉황은 황룡과 함께 모든 것의 중심인 왕을 의미했다.

●●●
궁성문 개폐 행사 때 숙정문에
오방기가 걸려 있다.

용은 하늘로 승천하며 땅과 하늘을 연결해 주는 역할을 하는 신비스러운 동물이다. 용 중에서도 황룡은 왕을 뜻한다. 황색은 천자를 상징하는 색으로 동서남북 방위의 중심이고 인격의 중심이며 삼라만상 우주의 중심이다. 즉 왕이 하늘과 땅을 소통하는 능력을 지닌 것이다. 그래서 왕은 천명天命을 받아 국가를 부강하게 다스려 백성의 근심과 걱정을 없애야 한다.

이에 비해 봉황은 『장자莊子』「내편內篇」 '소요유逍遙遊'에 나오는 것과 같이 엄청난 괴력의 새다. 봉황이 힘차게 날아오르면 그 날개가 하늘 가득히 드리운 구름과 같다. 바다 기운이 움직여 큰 바람이 일 때 그 바람을 타고 남쪽 바다로 날아가려 한다. 봉황이 한번 날갯짓으로 바다에서 일으키는 파도는 3,000리나 가고, 회오리바람을 타고 하늘로 오르기를 9만 리나 된다. 중국인 특유의 과장된 표현이지만 봉황을 엄청난 괴력의 새로 표현했다.

우리나라에서 왕을 상징하는 새로 봉황을 삼은 것은 권위를 세우기 위함이었다. 왕은 생리학적으로 하나의 개인이기도 하지만, 전제주의 국가에서 왕은 곧 국가다. 그렇기 때문에 국가의 모든 것을 책임져야 하는 왕은 전지전능한 능력을 가져야 한다. 실제 왕은 군사와 국가조직을 통해 막강한 권력을 행사했다. 왕의 자식은 단지 왕의 자손으로 태어났다는 이유만으로 막강한 권력을 물려받았다. 예전에는 그 같은 권력을 하늘로부터 받았다고 했다. 그것을 상징하는 것이 용과 봉황이다.

●●●●
청룡기와 백호기, 주작기, 현무
기, 백학기의 모습이다.

공자와 맹자 모두 천명天命을 중요시했다. 천명은 권력에 대한 정통성
이자 왕위를 이어 가는 정통성이었다. 그러나 왕이 천명을 빙자해 자신
의 치부를 위한 사리사욕에 힘쓰고 즐거움만을 좇을 때 백성은 도탄에
빠진다. 맹자는 이때 올바른 정치를 위해 역성혁명을 할 수 있다고 했다.
조선의 건국이념은 이에 바탕을 둔 것이다. 옛날에도 권력의 근본을 백성에 둔 정신이 없던 것이 아니다. 유교 사상도 하늘과 백성을 동일시했다. 그러나 왕족, 귀족, 사농공상 등의 계급이 존재하던 계급주의 사회에서는 백성보다는 하늘의 뜻을 강조하는 것이 왕권을 유지하는 데 더 유리하고 유용했을 것이다.

현대 사회에서도 여전히 정치인, 고위 관리, 재벌, 샐러리맨, 공장 노동자 등의 계급이 존재하지만 예전과 같이 고착화돼 있진 않다. 자신의 노력과 능력에 따라 신분 상승이 빈번히 이루어진다. 링컨이 말했듯이 모든 권력은 국민으로부터 나오는 것이다. 그러므로 정치인들은 국가와 민족을 위해 올바른 방향을 제시해야 하고 경제를 부흥시켜 국민들이 부유하게 살 수 있도록 해야 한다.

전통 의장대 무예

청와대 공식 환영식에서는 볼 수 없지만 전통 의장대의 백미는 단연 전통 무예다. 이들의 전통 무예 시범 및 의장 행사는 청와대 앞 분수대에서 4~6월과 10~11월 매주 금요일 오전 10시 30분부터 한 시간 동안 볼 수 있다. 또한 전쟁기념관에서도 같은 기간 오후 2시부터 한 시간 동안 볼 수 있다.

이들의 전통 무예는 조선 정조 14년(1790년) 실학자 이덕무, 박제가가 편찬한 『무예도보통지』를 교범으로 삼고 있다. 『무예도보통지』는 우리의 전통 무예에 중국과 일본의 무예를 결합해 24가지로 정리한 군사교범이다. 여기에서 나온 기본 창술과 검법을 원형에 가깝게 재현했다.

전통 의장대는 외국 정상들 앞에서 화려한 공연을 하기 위해 피땀 어린 노력을 다한다. 엄격한 선발 과정부터 초기 기본 의장 훈련, 전통 의장 기초훈련, 전공 훈련(기창, 월도, 검법) 등 행사에 나가는 시간 외에는 오로지 훈련에 매진한다고 한다.

전통 의장대원은 전입 와서 전역할 때까지 300번 정도 행사를 치른다. 대부분 청와대 외빈 환영 행사라 대원들은 긴장을 많이 한다.

전통 의장대는 우리 전통 의장 행사를 치를 수 있는 유일한 곳이기 때문에 매주 열리는 전쟁기념관 행사, 지방자치단체 행사, 민간단체 행사에 끊임없이 초청된다.

의장대 공연에는 전통 의장대만 있는 것이 아니다. 전통 의장대와 현대식 의장대의 공연은 실과 바늘처럼 함께한다. 현대식 의장대가 태극 등 우리 전통 모양으로 대열을 형성하며 총검을 돌리는 모습은 장관이다. 이들의 멋진 공연을 한번 감상해 보자.

전통 의장대원들이 청와대 분수대 앞에서 기창, 월도, 검법 등 전통 무예 시범을 보이고 있다. 화려하고 멋진 옷을 입고 일사불란한 동작으로 관람객의 혼을 빼앗는다. 그러나 이렇게 절도 있고 세련된 동작을 하기 위해 그들은 공연이 없는 시간에 국방부 의장대 좁은 앞마당에서 체육복을 입고 기다란 봉 하나만 든 채 마치 소림사의 수도승처럼 피나는 연습을 한다. 남모를 훈련으로 단련했기 때문에 관객의 혼을 빼앗을 정도의 멋지고 역동적인 동작을 보여 줄 수 있다.

칼 솜씨 본국검법

본국검법本國劍法 이란 신라의 화랑이었던 '황창랑'이 남긴 현존하는 가장 오래된 검법이다. 조선 정조 14년(1790년) 실학자 이덕무, 박제가가 편찬한 『무예도보통지』에 보면 다음과 같이 쓰여 있다.

본국검은 예도銳刀와 같은 요도腰刀이다. 『동국여지승람東國輿地勝覽』에 이르기를 황창랑黃倡郎은 신라 사람이다. 나이 7세에 백제에 들어가 시중에서 칼춤을 추는데 이를 구경하는 사람이 담을 이루었다. 백제왕이 이 이야기를 듣고 불러서 마루에 올라와서 칼춤을 추도록 명했다. 창랑이 이 기회를 타서 왕을 찔렀다. 이로 인해 백제국인들이 창랑을 죽였다. 신라인들이 창랑을 애통하게 여겨서 그 얼굴 모양을 본떠서 가면을 만들어 쓰고 칼춤을 추었다. 지금도 전한다.

황창黃倡은 황창黃昌이라고도 한다. 곧 신라에 설치했던 화랑花郎이다. 화랑은 그 무리가 수천이 됐는데 서로 충성과 신의를 갈고닦았다. 또 신라는 왜국에 이웃하고 있으므로 그 춤추는 칼들이 반드시 전해졌을 것이나 증명할 수 없다. 이제 황창랑으로 인해 본국검이 유래됐다.

모원의茅元儀 같으면 검보劍譜를 조선에서 얻었다고 생각된다. 이미 서역西域의 등운等韻에 비했음은 이는 조선이 스스로 본국의 보를 창안한 것이다. 또 일본의 상서尙書에 비했음은 이는 조선이 중국의 보에서 전해졌음이다. 그 창안과 그 전수를 물론 하고 지금과 모茅 씨의 세대는 일백 수십 년이 되니 서로 주고받은 자가 누구며 어떻게 봐야 할까 하는 부분이 적지 않다. 본국의 사람들은 어째서 스스로 전하지 스스로 익히지 아니하고 꼭 모씨의 무비지武備志를 기다려서 전하고 익히게 됐는지 알지 못할 일이다.

『무예도보통지』에서 말하는 본국은 조선을 말한다. 즉 본국검법은 원래 신라 화랑인 황창랑의 칼춤에서 유래했는데 조선 정조 때까지 정립되지 않다가 중국의 모원의가 쓴 『무비지』에 전해 오는 것을 다시 정립

한 것이라고 한다. 『무예도보통지』에는 위와 같이 본국검의 유래에 대해 밝히고 「본국검보」에 그림과 함께 자세하게 설명하고 있다. 「본국검보」의 그림에는 12개의 자세가 있고 이를 연속 동작으로 묶은 〈본국검총도〉가 그려져 있다.

국방부는 전통 의장대가 보여 주는 무예를 정립하기 위해 우리나라 무예의 정수라고 할 수 있는 『무예도보통지』를 원용해 고증했다. 국방부의장대의 무예 시범인 본국검법, 월도, 기창은 모두 『무예도보통지』에 근간을 둔 것이다. 지금은 이 같은 무예가 검도인 등 일부 사람의 전유물이다. 우리 무예가 어떤 모습을 했는지도 알 수 없다. 그리고 보면 국방부가 우리의 전통 무예를 복원 계승하고 있는 셈이다.

창 재주 기창

기창旗槍이란 깃발을 단 창을 말한다. 『무예도보통지』에서 창을 다루는 법은 창의 종류에 따라 장창長槍, 죽장창竹長槍, 기창旗槍, 당파鐺鈀, 기창騎槍, 낭선狼筅 등 모두 6가지다.

장창은 창 자루에 깃발 없이 창만 달려 있는 긴 창을 말하는 것으로 그 길이가 1장 5척이다. 창 자루는 주목網木이 제일 좋고 가볍고 조금 연한 합목合木이 그다음이다. 북방은 기후가 건조해 대나무를 쓰지 못하나 동남 지방은 대나무를 쓸 수 있다. 「장창전보長槍前譜」는 모두 11가지

『무예도보통지』에 나온 기창 시범이다. 창끝에 걸려 있는 깃발의 흔들림이 창술을 더욱 돋보이게 한다.

자세가 있고 이를 연속 동작으로 묶어 놓은 〈장창전총도長槍前總圖〉가 있다. 「장창후보長槍後譜」는 모두 12가지 자세가 있고 이를 연속 동작으로 묶은 〈장창후총도長槍後總圖〉가 있다.

죽장창은 대나무로 만든 긴 창으로 길이가 20자, 머리 날이 4촌이다. 손잡이는 5척이고 손잡이 이상은 물감을 바른다. 「죽장창보竹長槍譜」는 모두 7가지 자세가 있고 이를 연속 동작으로 엮은 〈죽장창총도竹長槍總圖〉가 있다.

기창은 단창短槍이라고도 한다. 날의 길이는 9촌, 자루의 길이는 9척이다. 붉은 칠을 하고 석반錫盤 이하에는 검고 흰 칠을 한다. 다섯째 마디 즈음 되는 곳에 작은 기旗를 다는데 색은 황색이나 분홍색으로 한다. 「기창보旗槍譜」에는 16개 동작이 있고 이를 연속 동작으로 엮은 〈기창총도旗槍總圖〉가 있다.

당파는 삼지창으로 날이 3개인 창이며 길이는 7척 6촌이다. 가운데 날과 양 옆날이 같으면 깊이 찌를 수 없기 때문에 가운데는 2촌, 양 옆날

전통 의장대원들이 청와대를
방문한 관광객 앞에서 언월도의
화려한 무술을 선보이고 있다.

은 1촌으로 한다. 「당파보鐺鈀譜」는 5가지 동작이 있고 이를 연속으로 엮은 〈당파총도鐺鈀總圖〉가 있다.

기창은 말을 타고 하는 창술이다. 길이는 15척으로 보장창步長槍과 같다. 「기창보騎槍譜」에는 8가지 동작이 있다.

낭선은 대나무에 가지를 붙여 놓은 것과 같은 모양으로 길이가 1장 5척이다. 대나무와 철 두 종류가 있으며 날을 9개, 10개, 11개를 붙여 만든다. 「낭선보狼筅譜」는 6개의 자세가 있고 이를 연속 동작으로 묶은 〈낭선총도狼筅總圖〉가 있다.

전통 의장대는 6가지 창술 중 가장 화려한 기창술을 복원해 시범을 보인다. 창을 사용할 때 깃발의 펄럭임이 창술 중에 가장 아름답고, 자세도 가장 많은 16가지 동작이다. 창 자체만으로는 당파와 낭선이 더 화려하다. 그러나 움직이는 역동성을 나타내기 위해선 깃발이 더 좋다. 깃발이 펄럭일 때 나는 소리 덕분에 역동성에서 효과 만점이라 할 수 있다.

달 모양의 월도

월도月刀는 창처럼 생긴 긴 자루에 칼을 달아 만든 것이다. 칼날의 모양이 달과 같다고 해서 월도라고 한다. 자루 길이가 6척 4촌이고 칼날 길이는 2척 8촌이다. 가지가 난 칼날에 털 깃을 단다. 18개 동작으로 만든 「월도보月刀譜」가 있고 이를 연속 동작으로 엮은 〈월도총도月刀總圖〉가 있다. 『무비지武備志』에 그려진 언월도偃月刀와 『예기도식禮器圖式』에 그려진 것이 같다. 『무비지』에 그려진 것은 털 깃을 단 것에 중점을 두었고, 『예기도식』에 그려진 것은 털 깃을 단 것이 빠져 있다.

우리나라의 월도는 얇아서 가을의 가랑잎 모양처럼 조열粗劣하며, 중국의 제도는 모가 크게 나서 위맹威猛을 떨쳐 적의 간담을 떨어뜨릴 수 있다. 근량을 무겁게 할 필요는 없으나 보통 사람은 들지 못하게 했으니 중국의 제도를 모방한 것과 같다고 표현하고 있다. 월도는 『위략魏略』에 의하면 『삼국지』의 유비가 사용한 칼로 성품이 착해서 몸소 소꼬리로 깃발을 만들어 매었다고 한다. 황동黃銅으로 꾸미고 자루는 붉은 칠을 했으며 철준鐵鐏을 달았다고 한다.

전통 군악 대취타

국방부 취타대원들이 청와대 분수대 앞에서 관광객을 위해 우리의 전통 음악을 공연한다. 취타대 뒤에는 청룡, 백호, 주작, 현무, 황룡, 황룡, 현무, 주작, 백호, 청룡이 일렬로 배열해 있다. 군기인 오방기 2개조가 취타대 공연의 배경이 됐다. 전통 의장대와 취타대의 공연을 보면 우리 군이 그에 알맞은 전통문화를 계승 발전시키고 있음을 알 수 있다.

대취타大吹打란 취타吹打와 세악細樂을 대규모로 갖춘 군악을 의미한다. 취타는 '불고(吹)' '친다(打)'는 의미에서 붙여진 이름으로 궁중에서 연주돼 온 연례악宴禮樂의 하나다. 징과 자바라(속칭 제금), 장구, 용고龍鼓, 소라螺角, 나발, 태평소太平簫(속칭 날라리)로 편성된다. 태평소를 제외한 모든 악기가 선율이 없는 타·취악기에 속한다. 한 장단이 12/4박자 20장단이고, 7장으로 구분되며 반복 형식을 취한다. 세악이란 비교적 음량이 적고 실내에 알맞은 음색을 가진 대금, 해금, 가야금, 거문고 등을 3~5개로 편성하는 것이 보통이다. 관악기만의 합주 또는 관악기와 현악기에 장구까지 곁들인 합주 등 다양하다. 이러한 편성에 의한 음악으로는 〈영산회상靈山會相〉 〈별곡別曲〉 〈웃도드리〉 등이 있다.

이 음악은 옛날 선전관청宣傳官廳이나 오영문五營門 및 각 지방의 감영監逤, 병영兵營, 수영水營 등에 소속돼 있던 취타수들에 의해 임금이 성 밖으로 나갈 때, 총대장의 출입 때, 진문陣門을 열거나 닫을 때, 육해 군영의 의식 등에서 연주됐다.

위엄 있는 나발과 애원조의 태평소 소리에 맞추어 수십 명이 일시에 용고를 치는 광경은 듣기도 좋지만 장엄하기 그지없다. 현재 연주되고 있는 대취타의 기본 편성은 태평소 2, 나발 2, 북 2, 징 2이다.

대취타 연주에는 음악의 시작과 끝을 알리는 집사가 있는데, 연주가 시작되기 전 지휘봉을 양손에 받쳐 들고 있다가 "명금일하鳴金一下 대취타 하랍신다"라고 명령한다. 이 소리를 듣고 제일 먼저 징 주자가 징을 한 번 울리고, 용고(북통에 화려한 용 그림이 그려져 있는 북) 주자가 북채로 변죽에 잔가락을 친다. 그러면 태평소를 비롯해 모든 악기가 일제히 대취타를 연주하게 된다.

대취타의 역사는 삼국시대까지 올라간다. 고구려 벽화와 백제 악기에 관한 기록을 보면 취고수들의 행진 음악이 있었음을 알 수 있다. 고려 때는 취각군(취라군)이라고 해 행진 음악을 연주하는 군사가 있었다고 한다.

고려 취각군의 행진 음악은 조선시대로 이어졌고 조선 중기 이후에 약간 변화됐다. 호적, 나발, 소라, 바라, 징과 같은 음량이 큰 악기를 연주하는 취고수와 향피리, 젓대, 해금, 장고와 같은 세악을 연주하는 세악수들이 행렬에 참여했다. 세악은 비교적 음량이 적고 실내에 알맞은 악기들로 연주하는 국악 합주를 말하고, 세악수들이란 세악을 연주하는 군사들이다. 행렬의 선두에 취고수가 앞장서고 뒤에는 세악수가 따른다. 취고수와 세악수를 합해 군악수라고 한다. 군악수는 황색 옷을 입고 남

취타대가 청와대 분수대 앞에서 공연하는 모습이다.

색 띠를 두르고 초립을 머리에 쓰고 미투리를 신은 채 임금의 거동이나
귀인의 행차 또는 군대 행렬에서 대취타를 연주했다.

　대한제국 말에 일본에 의해 군대가 해산된 후 아악대에 편입된 악수
가 더러 있었지만 형식을 갖추어 대취타를 연주한 적은 없었다. 그 후 민
간의 광고 악대와 사찰 의식에 사용되면서 명맥을 유지하다가 1961년
10월 국군의 날 기념 군장 행렬에 국립국악원 대취타대 52명이 편성 운
용돼 대취타가 재현됐다. 1968년 육군에 의해 대취타의 편제가 부활돼

그 본래의 위용을 찾게 됐다. 1971년에는 중요무형문화재로 지정돼 전통문화로서의 가치를 높이 평가받게 됐다. 대취타의 명인은 최인서 옹이다. 그는 1971년 대취타 중의 태평소로 중요무형문화재 제46호 예능보유자로 지정됐다. 지금은 그의 제자인 김태섭과 정재국에 의해 이어져 오고 있다. 1971년부터 해마다 5월 첫 일요일에 행하는 종묘대제에서 연주되고, 청와대와 국가 행사에서 연주된다.

전통 의장대와 취타대 의장행렬

동서남북과 중앙 등 방위를 뜻하는 오방기는 무武를 상징하기 때문에 의장기 끝이 창으로 돼 있다. 반면 의로운 신하 여섯을 뜻하는 육정기는 문文을 뜻하기 때문에 의장기 끝이 붓으로 만들어졌다. 전통 의장대원과 취타대원들의 옷 색깔을 보면 청, 홍, 황, 백, 흑으로 오방색에서 벗어나지 않는다. 이는 우리 선조들이 국가적인 행사를 하는 자리에서도 정신적 근거가 된 음양오행설의 전통을 따랐으며 청와대에서도 그 전통을 현대적 멋에 맞게 계승 발전시켰음을 알 수 있다.

군악수들은 황색 옷을 입고 남색 띠를 둘렀다. 머리에는 초립을 쓰고 신발은 미투리를 신는다. 대취타 연주는 특정한 장소 특정한 행사에서만 볼 수 있지만 옛날엔 임금이 밖으로 거동할 때 외에도 정승·판서의 귀인 행차 또는 군대 행렬 때 연주했다고 한다.

전통 의장대 행사와 취타대 행사는 흔히 볼 수 있는 광경이 아니다. 또 입는 옷의 색깔이나 깃발에 그런 뜻이 있다는 것을 아는 사람은 그리

●●●
취타대와 전통 의장대 의장행렬 모습이다.
청룡, 백호, 남주작, 북현무, 황룡 등 오방기다.

●●●
소, 토끼, 뱀, 양, 닭, 돼지 등 육정기.

●●●
전통 의장대가 영빈관 앞을 지나고 있다.

●●●
취타대가 영빈관 앞을 지나고 있다.

●●●
취타대와 전통 의장대가 효자로로 빠져나가고 있다.

●●●
취타대와 전통 의장대가 청와대 앞길을 지나고 있다.

많지 않다. 5가지 방위와 5가지 색 등 오행 사상은 춘추전국시대의 공자와 맹자의 사상은 아니다. 후대에 유교 사상과 접목돼 우리 전통 사상이 됐고 하나의 종교적 신념처럼 받아들여졌다. 우리 조상은 이러한 사상을 바탕에 깔고 우주를 관찰했으며 방위를 계산했다. 오행 사상이나 오방색, 오방, 육정 등에 담긴 사상은 현대 과학의 미분·적분이나 화학반응이나 광학 등의 사상과는 다르다. 우주의 중심에 인간이 있다는 인본주의 사상이다. 인간은 우주의 중심에 있으면서 우주를 경영하는 주체인 것이다. 청와대가 아니라도 전쟁기념관이나 다른 곳에서 행해지는 전통 행사를 볼 때 이러한 사상을 알고 바라보면 더욱 재미있지 않을까? 또 취타대의 대취타 공연을 들으며 서양 음악의 행진곡과 비교해 보면 더욱 흥미로울 것이다. 아니 그렇게 전문적으로 들어가지 않더라도 홍, 청, 흑, 백, 황 5가지 원색이 눈을 자극하고 커다란 소라에서 나오는 웅장한 저음과 나발의 애절함과 심장 박동 같은 북소리가 귀를 자극해 어깨춤을 추게 한다.

현대식 의장대와 여군 의장대 공연

　현대식 국방부 의장대는 육·해·공군과 해병대 의장대로 구성돼 있다. 이들은 육군 24명, 해군 12명, 해병 12명, 공군 24명, 정기수 9명 등 모두 81명이 1개조를 이루어 멋진 의장 시범을 벌인다. 이들은 불꽃 대형과 교차총 대형 등 12개 대형과 총 돌리기와 총 던지기 등 환상적인 동작으로 관광객을 사로잡는다.

의장대 공연.

여군 의장대 공연.

개선문 대형.

불꽃 대형.

계단 대형.

●●● 기쁨 대형.

●●● 화합 대형.

청와대에서 발견한
한국의 미에 마음을 빼앗기다

사진기자로 청와대에 출입하면서 청와대 안 건축과 그림과 문화의 아름다운 향취에 마음을 빼앗기곤 했다. 사진쟁이가 마음 빼앗긴 대상을 찍는 건 너무나 당연한 수순이다. 하지만 나는 거기서 더 나아가 도서관을 다니며 관련 도서를 찾고 정보를 수집했다. 청와대에 관해 자세히 알아 갈수록 더욱더 마음을 빼앗겼다. 즐거운 경험이었다. 청와대에서 진행되는 국가 행사와 아름다운 풍경을 보고 문화재에 담긴 숨은 이야기를 접하며, 국민의 한 사람으로서 흥분하기도 하고 감동받기도 했다. 급기야 이 감정을 다른 사람과 나누고 싶다는 생각에 이르렀다. 이 책은 바로 그 결과물이다.

청와대에는 중앙 일간지, 지방지, 방송사, 인터넷 매체 등에 소속된 300여 명의 기자들이 출입한다. 그중 매일 출입하는 기자는 100여 명 정도다. 그 가운데서도 청와대 안의 풍경을 자주 볼 수 있는 이들은 사진기자, 방송 카메라기자, 국정 홍보처 사진직원 등 20여 명가량이다. 물론 기자라고 모든 곳을 자유롭게 다니며 촬영할 수 있는 것은 아니다. 특히 국가원수와 영부인을 취재할 때는 보안 때문에 적지 않은 제한이 따른다. 그래도 사진기자는 일반 기자보다 가까운 거리에서 다각도로 접근할 수 있는 편이다.

보통 기자들은 대통령보다 30분에서 한 시간 정도 먼저 현장에 도착한다. 도착한 후에는 대통령의 안전을 위한 검색을 받고, 좋은 사진을 촬영하기 위해 위치 선정 작업에 들어간다. 그러고 나면 5분에서 15분 정도의 자투리 시간이 생긴다. 이 책 안에 담긴 사진은 그 잠깐의 시간에 촬영된 것이 대부분이다.

보도 목적이 아닌 청와대 사진을 찍는 일은 쉽지 않았다. 특수한 장소이다 보니 경호관의 주의를 많이 받았다. 한번은 정상회담이 열리기 전에 잠깐 본관 추녀와 지붕을 촬영했을 때다. 사진 찍는 걸 수상하게 여긴 경호관 한 명이 다가와서 무엇을 촬영하느냐며 찍은 사진을 보자고 했다. 나는 잡상, 지붕, 단청 등을 촬영한 화면을 보여 줬다. 한껏 경계심을 보이던 경호관이 사진을 들여다보더니 "아, 괜찮네요" 하며 활짝 웃었다. 디지털카메라였기에 가능한 일이었다. 필름 카메라를 쓰던 시절이었다면 아마도 필름을 압수당했을 것이다. 또 대통령의 권위가 하늘을 찌르던 군사정권 시절이었다면 감히 이런 책을 출간하겠다는 생각조차 못 했을 것이다.

나는 이 책을 통해 청와대를 좀 더 가깝게 들여다보고 잘 드러나지 않았던 문화유산과 역사를 알려 주고 싶었다. 청와대를 자세히 살펴볼수록 그곳에 머물던 사람들이 우리 고유의 멋을 살리기 위해 정말 애썼다는 느낌이 들었다. 청와대는 화려하지 않으면서도 은근한 멋과 맛을 풍기는 우리 것 그 자체였다. 청와대를 만들고 가꾼 사람들이 애정을 가지고 우리 것을 더 자연스럽고 우아하게 표현하려고 노력한 흔적으로 곳곳에서 찾아볼 수 있었다.

1989년에 청와대 본관을 새로 만들 당시에도 22명의 전문가로 자문위원회를 구성해 의견을 수렴했다고 한다. 전통 목구조와 궁궐 건축양식을 기본으로 하면서 지붕에는 잡상을 두고, 용마루 끝에는 귀신을 쫓는 의미로 상상의 동물인 벽사를 올려놓았다. 단순히 권위를 표현하기 위한 건축이 아니었다. 이뿐만 아니라 본관 내부 복도와 회랑의 공예품에서도 일반적인 상식을 벗어나는 파격을 엿볼 수 있다. 왕실 물건이 아닌 사대부집 공예품을 전시해 놓은 것이다.

이 책은 내가 청와대를 출입했던 시기에 틈틈이 촬영한 사진을 중심으로 꾸민 청와대 이야기다. 청와대를 처음 출입했을 때는 단순히 기록만을 위한 촬영을 했다. 그러다가 학교 후배인 아라크네 출판사 김연홍 대표가 청와대의 문화를 소개하는 책을 만들어 보자는 제안을 한 뒤부터 틈틈이 시간을 쪼개 청와대 그 자체를 담은 사진을 찍기 시작했다.

이전까지 청와대 구석구석을 사진으로 촬영하고 그에 관한 이야기를 풀어 준 책은 없었다. 그래서 어떤 식으로 이야기를 전개할 것인가 고민도 많았다. 막상 사진은 준비됐는데 그 뒤에 숨겨진 이야기를 쓰려니 자료를 찾는 일도 쉽지 않았다. 청와대에 근무하는 사람들도 모르는 이야기가 대부분이었고, 알고 있는 사람은 이야기보따리를 풀어놓지 않았다.

특히 잡상 관련 연구 논문이나 책이 거의 없었다. 결국 국립중앙도서관까지 가서 논문을 찾고 전문을 복사해 와서 밤새 읽었다. 고증된 자료를 찾기 위해 국립고궁박물관과 창덕궁을 찾아가 전문가들의 조언을 받기도 했다. 집 근처의 행신도서관과 회사 근처의 교보문고는 셀 수 없을 만큼 여러 번 드나들었다. 조달청의 사이버갤러리를 비롯해 자료가 있을 법한 곳은 어디든 탐색하며 인터넷 검색에 매달렸다. 나보다 먼저 청와대를 출입했던 선배들에게도 조언을 구했다.

그러나 이러한 책을 처음 쓰다 보니 고증하기에 어려운 부분이 많았다. 그중에서도 가장 힘들었던 것은 그림과 화가에 관한 기술이었다. 나는 이 책을 준비하면서 한국화와 우리 강산을 소재로 한 그림을 공부하게 됐다. 나름대로 화가들이 직접 쓴 화첩기행도 찾아보고 미술사 책과 평론을 읽으며 고증하려 했지만, 여전히 부족한 점이 많은 듯해 아쉽다.

더군다나 청와대에 걸리는 그림은 주기적으로 교체되기 때문에 애써 공부하고 기록한 이야기가 과거의 흔적으로 남은 경우도 많다. 하지만 비록 지금 청와대에서 이 그림들을 볼 수 없다고 해도 훌륭한 화가들이 남긴 예술적 성취와 우리 미술의 아름다움을 많은 사람과 함께 나누고 싶은 마음에 그 내용을 유지하기로 했다.

전면 개방을 앞두고 청와대에 관심이 생긴 이들에게 이 책이 길잡이가 되어 주었으면 좋겠다. 이 책을 통해 청와대의 과거를 들여다보고 현재를 바라볼 수 있게 되기를 바란다.

막연하게 머릿속에서만 맴돌던 생각을 과감하게 행동으로 옮길 수 있도록 물고를 터 준 후배 김연홍 대표와 아라크네 출판사 식구들에게 감사를 드린다.

마지막으로 가족들에게 사랑한다는 말을 전한다. 퇴근 후 함께 많은 시간을 보내지 못해 늘 미안했다. 그런데도 늘 응원해 주는 큰 아들 종근과 작은 아들 종원에게 고맙다.

글 쓰는 데 전념하도록 묵묵히 격려해 준 사랑하는 아내 송명자에게 이 책을 바친다.

참고문헌

1. 홍순민, 2005, 『우리 궁궐 이야기』, 청년사

2. 강경선·김재홍·양달섭·윤종배·이인석, 2003, 『이야기가 있는 경복궁 나들이』, 역사넷

3. 국립고궁박물관(글 장경희), 2005, 『왕궁의 보물』, 예맥출판사

4. 손장섭, 2003, 『손장섭의 회화 自然과 삶 孫壯燮』, 미술문화

5. 김병종, 2005, 『김병종 화집II 생명의 노래』, 효형출판

6. 이구열, 1993, 『근대한국화의 흐름』, 미진사

7. 장영기 석사학위논문, 2004, 『조선시대 궁궐 장식기와 雜像의 기원과 의미』, 국민대학교 대학원 국사학과

8. 문화재청 보도자료, 2006, 『청와대 일원 전면 개방에 따른 서울 역사도시 조성과 UNESCO 등제 조치계획』

9. 문화재청 보도자료, 2006 『북악산 개방 시범답사 - 다시 찾은 북악산 길』

10. 국방부 의장대, 『의장대와 전통의장대 훈련 교범』

11. 박기성·김성호, 1998, 『五運六氣 陰陽五行 通變寶鑑』, 남산당

12. 네이버, 다음 백과사전

13. 문화재청 천연기념물 및 우리지역 문화재

14. 조달청 정부소장 미술품 사이버 갤러리

15. 인터넷 KOREA ARTIST & ART GALLERY

16. 안동림 역주, 1999, 『장자莊子』, 현암사

17. 金渭顯, 1997,『국역 무예도보통지』, 민족문화사

18. 한국고문서학회, 2000,『조선시대 생활사3 - 의식주, 살아있는 조선의 풍경』, 역사비평사

19. 민승기, 2004,『조선의 무기와 갑 』, 가람기획

20. 김정자, 1998,『한국 군복의 변천사 연구』, 민속원

21. 백영자·최해율, 2004,『한국 복식의 역사』, 경춘사

22. 劉頌玉, 1998,『韓國服飾史』, 수학사

23. 송용진, 2005,『쏭내관의 재미있는 궁궐기행』, 두리미디어

24. 이정명, 2006,『뿌리 깊은 나무』, 밀리언하우스

사진과 사료史料로 보는

청와대의 모든 것

초판 1쇄 인쇄 2022년 5월 10일
초판 1쇄 발행 2022년 5월 10일

글·사진 백승렬

펴낸이 김연홍
펴낸곳 아라크네

출판등록 1999년 10월 12일 제2-2945호
주소 서울시 마포구 성미산로 187 아라크네빌딩 5층(연남동)
전화 02-334-3887   **팩스** 02-334-2068

ISBN 979-11-5774-721-4 03900